니체를 읽으며

정태성

차례

<짜라투스트라는 이렇게 말했다>

1. 영원회귀

　"영원회귀(The eternal recurrence of the same)"란 동
일한 것이 영원히 반복되는 것을 말한다. 무한한 시간의 흐
름 속에서 가능한 모든 경우의 조합은 한 번씩은 일어나게
될 것이고, 시간에 따라 이는 계속 반복된다는 것이다. 다람
쥐가 쳇바퀴 돌 듯 우리의 삶에서 많은 것들이 계속 반복됨
을 의미한다. 삶은 그래서 니힐리즘적이다.
　"오, 사람아! 너의 삶 자체는 마치 모래시계처럼 되풀이하
여 다시 거꾸로 세워지고 몇 번이고 되풀이하여 또 끝날 것
이다. -네가 생겨난 모든 조건들이 세계의 순환 속에서 서
로 다시 만날 때까지. 그 사이의 위대한 순간의 시간, 그 다
음에 너는 모든 고통과 모든 쾌감과 모든 친구와 적과 모든
희망과 모든 오류와 모든 풀줄기와 모든 태양 빛을 다시 되
찾을 것이다. 모든 사물의 연관 전체를 되찾을 것이다. 네가

하나의 낱알로 들어 있는 이 고리는 항상 다시 빛난다. 그리고 인간 존재 전체의 모든 고리 속에는 항상 어떤 순간이 있는데, 이것은 처음에는 단 한 사람에게, 그 다음에는 많은 사람들에게, 그리고 결국 모든 사람에게 가장 강력한 생각, 즉 모든 것의 영원회귀라는 사상이 떠오르는 순간이다. -인류에게 매번 정오의 순간이 된다. (짜라투스트라는 이렇게 말했다)"

우리는 아침에 눈을 뜨면 직장에 가서 비슷한 일을 하고 같은 동료들과 지내며 점심을 먹고 다시 일을 하고 같은 길을 거쳐 집으로 돌아와 저녁을 먹고 텔레비전이나 다른 일을 하다 밤이 되면 잠을 잔다. 다음 날도, 그 다음 날도 마찬가지이다. 집안일도 청소하고 밥하고 빨래하고 아이 돌보고 오늘도 내일도 어떻게 보면 똑같은 일의 반복일 뿐이다. 이런 생활의 반복이 10년 20년 그리고 30년이 지나면 은퇴를 하고 이제는 집에서 아침에 일어나 밥 먹고, 오전이 지나 점심이 되면 밥 먹고, 오후가 지나 저녁이 되면 밥 먹고 그리고 텔레비전 조금 보다 밤이 돼서 자고 다음날도 똑같은 일상의 반복일 뿐이다.

이런 반복되는 생활 속에서 우리는 삶의 가치나 의미를 발견할 수 있는 것일까? 영원회귀는 이러한 우리 삶의 단면을 정확하게 짚고 있다.

사람 간의 관계도 마찬가지다. 좋아했다가 싫어졌다가 친

해졌다가 싸우다가 사랑했다가 미워했다가 만나고 헤어지고 또 만나고 또 헤어지고 이러한 삶의 순환은 영원회귀사상이 완전히 틀리지는 않는다는 것을 증명하는 것이 사실이다.

우리의 삶이 중요하다면 똑같은 것의 이러한 반복이 우리 삶의 가치를 높이는 것은 아닐 것이다. 이러한 계속되는 일상의 반복을 어떻게 할 수도 없는 가운데 우리는 어디에서 우리 삶의 가치와 의미를 찾을 수 있을 것일까?

답은 하나밖에 없다. 파괴다. 그리고 창조다. 나의 삶의 영원히 계속되는 일상을 하나씩 깨뜨리지 않고는 나는 그저 매일 같은 일을 반복해 가는 다람쥐가 쳇바퀴 도는 것과 마찬가지인 기계적인 인간으로 전락할 수밖에 없다. 엄청난 것을 파괴하거나 위대한 것을 창조하지는 못해도 나만의 파괴와 창조가 나의 삶을 가치 있고 의미 있게 만들 수 있다.

처음도 없고 끝도 없고 무엇이 먼저인지 무엇이 나중인지도 모른 채 그저 수동적인 삶을 살아가는 우리의 삶의 고리를 끊어내야 하는 것은 나밖에 없다. 나의 비록 작은 파괴와 창조는 내 자신을 현재의 순간에 존재할 수 있는 실존적자아로 만들 수 있다. 그 파괴와 창조가 거창한 것은 아닐지라도 그것이 나의 운명이라면 저항없이 받아들이려 한다. 거기에 나의 존재적 의미가 있으며 삶의 가치 또한 있기 때문이다. 나는 나의 삶을 사랑하기 때문이다.

2. 불변적인 자아

　모든 것은 변하기 마련이다. 시간에 따라 세월에 따라 존재하는 모든 것은 변하는 것이 자연의 순리이다. 불변하는 것은 살아있지 않음과 같은 것인지도 모른다. 죽어 있는 것은 변하지 않는다.

　우리의 생각과 내면도 변해야 한다. 더 나은 모습으로 더 현명한 판단을 할 수 있도록 우리 스스로 변하려고 노력해야 한다. 시간이 지나도 항상 같은 위치에서 같은 생각을 한다는 것은 스스로에게 부끄러운 일이다.

　"모든 불변하는 것, 그것은 다만 비유에 지나지 않는다. 그리고 시인은 너무 많은 거짓말을 한다. 가장 훌륭한 비유는 시간과 변화에 대해서 이야기해야 한다. 비유로 하여금 모든 일시적인 것들이 옳다고 주장하고 또 이를 노래하게 하라. 그대 창조자들이여, 그대의 삶 속에는 수많은 쓰라린 죽음이 있어야만 한다. 새로이 태어나는 아이가 되기 위해서 창조자는 스스로 어머니가 되어 산고를 겪어야 한다. (짜라투스트라는 이렇게 말했다)"

새로운 나로 변하기 위해서는 어제의 내가 죽어야 한다. 스스로 산고의 고통이 있더라도 그 길을 가는 자와 그렇지 않은 자는 분명히 다른 세계를 경험할 수밖에 없다.

현재의 나의 모습이 부끄러운 모습일지라도 변하려 노력하는 자는 미래의 모습이 확연히 달라질 수 있다. 하지만 자신의 생각과 아집에 붙잡혀 시간이 지나도 자신을 돌아보지 않고 변화에 눈을 돌리지 못한다면 그의 삶은 항상 그 자리일 수밖에 없다.

불변적인 자아는 자신이 가지고 있는 능력을 모두 발휘하지 못한 채 좁은 세상에 갇혀 그 세상이 전부라고 생각하며 살아갈 수밖에 없다. 자신의 생각은 고집으로 확고해지고 잘못된 판단은 아집으로 굳어져 현실을 파악하지 못한 채 그렇게 삶을 연명해 갈 뿐이다.

새로운 세계를 위해서는 그리고 더 넓은 세상을 볼 수 있기 위해서는 불변적인 자아로부터 우선 탈피해야 한다. 나 스스로 그러한 노력을 함으로써 그 단계가 시작될 수 있을 뿐이다. 보다 나은 나 자신을 위해서는 고통도 감내할 용기가 필요하다. 그러한 산고의 고통을 두려워하면 할수록 그는 더욱 확고한 불변적인 자아에 사로잡혀 삶의 깊이를 모른 채 어느 순간 모든 것이 끝나버릴 수 있다.

3. 미래의 집

  보다 나은 자신으로 태어난 사람은 새로운 세계를 볼 수 있다. 그에게는 새로운 문이 열렸다. 그를 위해 미래의 집이 준비된다.

  과거의 모습에 안주하고 있는 자는 그 세계가 전부다. 새로운 미래의 집이 필요가 없다. 발전이 없고 시간이 지나도 더 나아지지 않기에 새로운 세계가 열리지 않았다. 그에게는 미래의 시공간, 미래의 집이 필요가 없다. 있던 그 자리에서 모든 것이 끝날 수밖에 없다.

  "인간에게 위대한 점은 인간이 목적이 아닌 중재자라는 것이다. 인간에게 사랑할 만한 것은 인간이 이행하는 존재이며 쇠퇴하는 존재라는 점이다. 나는 이행과 쇠퇴 속에서 사는 것 말고는 달리 사는 방법을 모르는 사람들을 사랑한다. 나는 위대한 경멸이 가득한 사람들을 사랑한다. 왜냐하면 그들은 숭배하는 자들이며 반대 기슭으로 가려는 욕망의

화살이기 때문이다. 나는 쇠퇴하는 이유, 제물이 되는 이유를 별들의 반대편에서 찾으려 하지 않고, 그 대신에 언젠가는 초인의 대지가 되도록 대지를 위해 희생하는 사람들을 사랑한다. 나는 결국 깨닫기 위해 살아가는 사람들, 마침내 초인이 산다는 것을 깨닫기를 원하는 사람들을 사랑한다. 이처럼 그는 자신의 퇴락을 원한다. 나는 초인이 머무를 곳을 건설하고 초인에게 도움이 되는 대지, 동물과 식물을 마련하기 위해 일하고 창조하는 사람들을 사랑한다. 왜냐하면 이처럼 그는 자신의 퇴락을 원하기 때문이다. (짜라투스트라는 이렇게 말했다)"

미래의 집은 희망이 가득한 공간이다. 나를 넘어선 그리고 나 자신을 극복한 새로운 내가 살아가는 장소다. 과거의 잘못이 있었을지라도 그것을 스스로 노력하여 극복한 이에게만 부여되는 선물이다.

나 자신에 대해 깨달은 사람, 내가 누구인지를 알게 된 사람, 삶이 어떤 것인지를 이해한 사람이 머물 수 있는 미래의 집이 어떤 모습일지 궁금하지 않은가?

우선 나 자신이 새로워져야 한다. 스스로 새로워질 수 있도록 노력해야 한다. 어제의 내가 아닌 새로운 오늘의 나, 오늘의 내가 아닌 새로운 미래의 내가 살아가야 할 미래의 집은 보다 나아진 나를 위해 두 문을 활짝 열고 환영할 것이 분명하다.

그러한 미래의 집은 나에 의해서만 결정된다. 나 스스로 그러한 공간이 존재할 수 있도록 오늘을 살아내야 한다. 새로운 나를 위한 공간, 그 아름다운 미래의 집은 나에 의해 지어지고 있다.

4. 정념의 자유

정념(情念, passion)은 어찌 보면 우리의 보다 나은 자아를 위한 커다란 에너지가 될 수 있다. 자신의 내면성장을 위한 정열이 나를 현재의 상태에서 더 높은 단계로 이끌어 줄 수 있기 때문이다. 열정이 있는 것과 없는 것은 커다란 차이가 있을 수밖에 없다.

"너는 너 자신의 주인, 또한 네 덕성의 주인이 되어야 한다. 예전에는 덕성이 너의 주인이었다. 하지만 그것은 다른 것과 마찬가지로 도구일 뿐이다. 너는 자신의 의사 결정의 주인의 되어야 하며, 상황에 따라서 더 높은 목표를 위해서 네 힘을 사용하는 법을 배워야 한다. 너는 모든 가치 판단을 할 때 미래를 지향하고 고려하는 것을 배워야 한다. (짜라투스트라는 이렇게 말했다)"

정념이 우리를 성장시킬 수 있는 원천이 되기도 하지만, 주위를 돌아보면 많은 경우 정념의 노예가 되는 경우를 본다. 자신이 그 정념의 주인이 아닌 정념을 위한 존재가 되어 버리는 것이다. 이로 인해 자신이 가야할 바를 모르고,

오직 정념이 이끄는 대로 살아가는 경우도 흔하다.

"정념의 극복? 이것이 의미하는 바가 정념의 약화나 절멸이라면 우리는 그것을 받아들여서는 안 된다. 오히려 정념으로 하여금 우리에게 봉사하도록 만들어야 한다. 이것은 또한 정념을 장기적인 폭정의 지배 아래 둔다는 것을 의미할 것이다. 이렇게 해서 마침내 정념은 다시 우리의 신뢰를 받는 가운데 자유를 얻게 된다. 곧 그것은 충실한 종으로서 우리를 사랑하며, 우리에게 가장 이로운 방향으로 자진해서 나아간다. (힘에의 의지)"

우리의 존재는 더 나은 방향으로 발전하는 데 의미가 있다. 이를 위해서는 내가 나 자신의 정념에 있어서도 주인이 되어야 할 필요가 있다. 정념을 나 자신을 위해 마음껏 사용해야 한다. 스스로를 극복하기 위해서도, 현재의 모습에서 나은 모습으로 성장하기 위해서는 나는 정념의 진정한 주인으로서의 역할이 필요하다.

5. 높은 곳으로 올라가라

산은 왜 오르는 것일까? 몇 시간에 걸쳐 힘들게 정상까지 땀을 뻘뻘 흘리면서 올라갔다가 다시 내려와야 하는데 왜 굳이 내려올 것을 그렇게 힘들게 오르는 것일까? 나도 잘은 모르지만 내 생각에 산 정상에 오르면 천하를 내려다 볼 수 있기 때문이 아닐까 싶다.

옛말에 이런 말이 있다.

"登泰山小天下(등태산소천하)"

이는 "태산에 오르니 천하가 작다"라는 뜻이다. 태산은 중국에서 가장 높은 산 중에 하나다. 내가 생각하기에 천하가 작다는 것은 세상일들이 아무것도 아니라는 뜻이 아닐까 싶다. 그 높은 태산에 올라 보니 발아래 천하가 놓여있고 천하 속에 있을 때는 몰랐는데 태산에 올라서 보니 세상일들이 너무나 작게 보인다는 뜻인 것 같다.

우리가 산을 오르는 이유는 이런 것 때문이 아닐까? 세상 속에서 살다 보면 이러저러한 일들로 속상하고 머리가 아프지만 산 정상에서 내려다보면 사실 모든 것이 작게 보여 아무엇도 아닌 것을 가지고 왜 그렇게 살아왔는지 느낄 수 있기 때문이다.

"그대들은 고양되기를 원할 때 위를 올려다보고, 나는 이미 높은 곳에 있기 때문에 아래를 본다. 그대들 가운데 웃으면서 높은 곳으로 올라갈 수 있는 자가 있는가? 가장 높은 산에 오른 사람은 모든 비극과 비극적인 현실을 비웃는다. 용감하고 태연하고 냉소적이고 위압적인 존재가 되기를 지혜는 우리에게 바라고 있다. 지혜는 여인과 같아서 언제나 전사를 사랑한다. (짜라투스트라는 이렇게 말했다)"

우리는 사실 살아가면서 별것도 아닌 조그마한 것을 가지고 죽네 사네 하며 아등바등 살아간다. 하지만 시간이 지나고 더 어려운 일들을 겪고 나면 그러한 것들은 진짜 신경쓸 일도 아니었을 경우가 너무나 많다. 너무나 조그만 것에 우리의 모든 것을 걸고 그렇게 힘들게 살아가고 있는 것이다. 인생의 바닥까지 겪어보고 더 이상 내려갈 수 없는 곳까지 내려갔다 와보면 사실 전혀 신경 쓸 일도 아닌 것을 당시에는 그렇게 집착을 하고 연연해하는 것이다.

6. 가능성의 영역

나의 가능성의 영역을 넓히는 일, 그것이 내가 오늘 존재하는 이유 중의 하나가 아닐까? 가능성의 영역을 넓힌다는 것은 나 자신의 한계를 깨고, 더 나은 나로 거듭 태어나는 것을 뜻하는 것이라는 생각이 든다.

현재 나의 모습에 안주한다면 더 나은 나 자신을 찾지 못한 채 새로운 나를 만나지도 못할 것이다. 새로운 나를 만나기 위해서는 현재의 나를 넘어서야 한다. 현재의 나를 가두고 있는 그 한계의 울타리를 과감하게 벗어나야 한다. 그 울타리에 갇혀 있는 한 새로운 세계에 존재할 수 있는 나와 조우할 수 없다.

내면의 한계에 마주하였을 때 이에 굴복하지 않고 버텨내 그 한계를 넘어서야 한다. 육체적 한계에 다다랐을 때 비록 힘들고 어려울지라도 이를 극복할 수 있어야 한다. 그것이 나의 가능성의 영역을 확장시킬 수 있는 좋은 기회가 되지 않을까 싶다.

우리는 살아가다 보면 언제 어디서나 힘들고 어려운 고비를 만날 수밖에 없다. 고통과 괴로움이 동반된 삶의 무게에 짓눌

리는 경우도 있다. 연이은 아픔과 외로움 이로 인해 홀로 고독 속에 빠지기도 한다. 드넓은 광장에 아무도 없이 모든 것을 스스로 헤쳐 나가야만 해야 한다. 도저히 이겨낼 수 없을 것 같은 운명적 회오리에 접하기도 한다. 제발 나에게서 사라져 버리기를 바랄 수밖에 없는 불운과 마주할 수도 있다. 내가 원하지 않는 일들로 나의 갈 길을 수정할 수밖에 없는 일도 있다. 하지만 이러한 모든 것이 어쩌면 더욱 강한 나로 거듭 태어나, 보다 나은 자아로 될 수 있는 기회가 될지도 모른다. 물론 그러한 일들이 너무나 버겁고 힘에 겹지만, 나 자신을 믿고 조금씩이라도 앞으로 나아가려는 마음으로 접하는 것이 진정 나를 사랑하는 길이 아닐까 싶다.

"보라, 나는 그대들에게 초인을 가르친다. 초인의 대지의 뜻이다. 그대들의 의지는 초인은 대지의 뜻이라고 말한다. 나의 형제들이여, 내가 그대들에게 맹세하거니와 이 대지에 성실하고 천상의 희망에 대해서 이야기하는 자들을 믿지 말라. 그들은 자신들이 알든 모르든 독을 섞는 자들이다. 그들은 삶을 경멸하는자, 죽어 가는 자, 독에 중독된 자들이며 이 대지는 그들에게 지쳐 있다. 그러므로 그들이 죽어가는 것은 당연하다. (차라투스트라는 이렇게 말했다)"

무엇보다 중요한 것은 나 자신을 사랑하는 자가 진정한 초인이라는 생각이 든다. 초인이 되고자 하는 것은 운명의 부름일지도 모른다. 더 나은 미래의 나를 위해 운명이 나를 그렇게 부르고 있다.

주어진 기회로 나 자신의 한계를 넘어서는 일도 있겠지만, 더 나은 나를 위해 스스로 어려움에 빠뜨려 이를 극복하여 나의 한계를 깨뜨릴 수도 있다. 애써 내면의 힘을 기르기 위해 스스로 훈련을 할 수도 있고, 더 나은 나를 위한 길을 모색할 수도 있다.

2022년 10월 23일에 있었던 춘천 마라톤 대회에 참가해 보았다. 나의 육체적인 한계는 어디인지 알고 싶었다. 생애 처음으로 42.195km를 완주해 보았다. 이제는 나는 안다. 나의 육체적 한계가 어디인지를. 한계를 넘어서 보니 전에 알지 못했던 것을 알 수 있었다.

나 자신의 한계를 극복하는 것에서 살아있음을 느낀다. 어려운 일이 나에게 다가와도 그것을 극복하는 것에서 나의 살아있음을 증명하려 한다. 앞으로 또 육체적인 마라톤을 뛸지는 모르지만, 다른 마라톤을 뛰며 나의 한계를 극복하려 한다. 그것이 나의 가능성의 영역을 넓히는 길이라는 것을 너무나 잘 알기 때문이다.

7. 자기 초극

우리가 오늘을 살아가는 이유는 보다 나은 내일을 위함일 것이다. 오늘보다 발전된 나를 위해 오늘이 존재하는 것이 아닐까 싶다. 과거의 나와 오늘의 나와 같고, 오늘의 내가 미래의 나와 같다면 나에게 주어진 삶에 최선을 다하지 않는 것이라는 생각이 든다.

"인생 자체는 기둥과 층계로 자기 자신을 쌓아 올리려고 한다. 훨씬 멀리에 눈길을 던져, 이 세상에 없을 것 같은 아름다움을 보려고 하는 것이다. -그래서 인생에는 높이가 필요하다. 높이가 필요하니 층계가 있어야 하며, 층계와 층계를 올라가는 사람들의 투쟁이 필요한 것이다. 인생은 상승하려고 한다. 상승하면서 자기 자신을 극복하려고 하는 것이다. (차라투스트라는 이렇게 말했다.)"

높은 곳에 오르기 위해 계단이 필요하듯, 주어진 삶의 더 높은 곳에 도달하기 위해 우리는 삶의 단계를 거쳐 계속 올라가야 할 것이다.

더 높은 나 자신의 위해서는 새로운 나로 태어나야 하고, 현재의 나를 넘어서야 그것이 가능할 수 있다. 나를 넘어선다는 것만큼 의미 있는 것은 없을 것이다.

나 자신을 뛰어넘기 위해 오늘 나는 무엇을 해야 하는 것일까? 나는 어떻게 삶의 계단을 꾸준히 올라갈 수 있는 것일까?

나를 객관적으로 바라볼 수 있는 것, 그것이 오늘 내가 해야 할 일이며, 그렇게 알게 된 나를 넘어서기 위해 끊임없이 스스로를 채찍질하는 것이 삶이라는 계단을 계속해서 올라갈 수 있는 것이 아닐까 싶다.

<인간적인 너무나 인간적인>

1. 후회는 내 것이 아니다

　　지나간 것은 돌이킬 수가 없다. 시간은 다시 돌아오지 않는다. 후회는 아무런 의미가 없는 것이다. 누구나 실수를 하고 잘못을 한다. 하지만 과거에 사는 사람보다는 현재와 미래를 위해 사는 것이 더 현명하다.

　　지나간 일 중에 후회하는 것은 당연하다. 후회하지 않는 사람은 없다. 하지만 후회는 한 번으로 충분하다. 더 이상 생각하거나 고민하는 것은 현재의 나 자신마저 잃어버리는 것과 마찬가지이다.

　　과감하게 과거를 잊고 후회는 한 번 한 것으로 끝내야 한다. 생각해도 소용없는 것을 자꾸 생각하면 무엇 하겠는가? 지나온 것을 후회할 시간이 있다면 오늘을 차라리 더 열심히 사는 게 낫다. 만약 그렇지 못하다면 미래에 오늘 후회하면서 살았던 것을 더 많이 후회하게 될지도 모른다.

"결코 후회에게 자리를 내주어서는 안 된다. 오히려 후회는 하나의 어리석음에 또 다른 어리석음을 더하는 것이라고 즉시 자신에게 말해야 한다. 만약 해로운 일을 했다면 앞으로는 좋은 일을 하겠다고 생각하라. 그리고 자신의 행위로 인해 처벌을 받게 될 경우에는 그것으로 자신이 이미 좋은 일을 하는 것이라고 생각하고 그 벌을 견뎌야 하리라. 즉, 그는 타인들에게 그와 똑같은 우행을 하지 않도록 경고하고 있기 때문이다. 형벌을 받는 모든 범죄자들은 자신을 인류의 은인으로 여겨도 좋다. (인간적인 너무나 인간적인)"

후회한다는 것은 나의 어리석음을 증명하는 것밖에는 되지 않는다. 더 이상 어리석게 살아서는 안 된다. 지혜롭게 사는 첫 번째 길이 과거를 잊고 새로운 나의 모습으로 현재를 열심히 살아가는 것이다.

과거가 다시 돌아오지 않듯이 오늘 또한 다시는 돌아오지 않는 시간이다. 과거에 사로잡혀 오늘을 잃어버린다면 이는 과거와 오늘 모두 잃게 되는 것이다. 아니 미래를 위해 준비해야 하는 오늘을 잃었기에 미래마저 잃게 되는 것인지도 모른다.

해서 가능한 것이야 노력을 해보겠지만, 불가능하다 생각되는 것은 과감하게 미련을 끊고 잊어야 한다. 과거로 향하는 마음을 완전히 내려놓고 비워야 한다. 더 좋은 날들이 기다리고 있다. 그러한 날을 위해 오늘을 후회 없는 시간으로 만들어 가는 것이 지금 할 수 있는 최선이 아닐까 싶다.

후회는 내 것이 아니니 아예 생각조차 하지 않는 것이 가장 현명한 오늘을 살아가는 것일 것 같다.

2. 자기 확신의 이면

　자신의 생각이 항상 옳다고 확신하는 것에는 스스로가 모르고 있는 이면이 존재한다. 우리의 세계는 우리의 인식에서 비롯된다. 우리의 인식은 단순한 하나의 고정된 생각에 기반을 두어서는 더 이상의 발전이 없다. 스스로에 대한 확신이 겉으로 보아서는 멋있게 보일지는 모르나 이는 스스로의 발전을 막아서는 장애물이 될 수 있다는 가능성을 배제할 수 없다.

　자신에 대해 확신을 하면 할수록 자신의 생각이 옳음을 증명하기 위하여 모든 수단과 방법을 동원하여 관철시키고자 하기에 더 깊은 자신의 늪으로 빠져들게 되지 않을 수 없다. 스스로 자신을 헤어 나오지 못하는 수렁으로 밀어 넣은 것과 마찬가지인 것이다. 다른 사람의 의견이나 생각은 전혀 그의 귀에 들어오지 않게 되고 그 사람을 진정으로 아껴서 해주는 충고마저 잔소리로 여길 뿐이다.

"여러 가지 신념을 가져본 적이 없는 자나 최초의 신념에 집착하는 자는 절대로 자신의 신념을 바꿀 수 없다는 바로 그 점 때문에 낙오된 문화를 대표한다. 이런 사람은 경직된 벽창호이며, 가르치기 어렵고 유연성이 없는 영원한 비방자이며 자기 의견을 관철하기 위해서 온갖 수단에 호소하는 무법자이다. 그것은 다른 의견도 존재할 수 있다는 것을 전혀 깨닫지 못하기 때문이다. (인간적인 너무나 인간적인)"

자신이 옳은지 그렇지 않은지 항상 되돌아볼 필요가 있다. 이를 행하지 못하는 순간 그는 더 이상의 세계와는 스스로 단절을 선언하는 것과 마찬가지다.

자신이 가지고 있는 확신에 가득 찬 상태로 본인이 바라는 것을 무조건적으로 희망하는 것은 다른 세계를 볼 수 있는 눈이 부족하기에 어쩌면 유아기적 안목만을 유지하고 있을 따름이다.

"위대한 인간은 필연적으로 모든 일에 회의를 품는 사람이다. 모든 종류의 확신에 사로잡히지 않는 자유로움이 그의 의지의 강함에 포함되어 있다. 신념을 갖기를 바라는 일, 긍정에 있어서건 부정에 있어서건 어떻든 무언가 무조건적인 것을 바라는 일은 약한 마음의 증명이다. 그런데 모든 약한 마음은 의지의 약함인 것이다. 신념에 가득 찬 사람은 필연적으로 나약한 인간인 것이다. 따라서 '정신의 자유', 다시 말해서 본능으로서의 불신은 바로 위대함의 전제이다. (힘에의 의지)"

자신에 대해 확신하는 모습이 어떤 면에서 보면 주관이 있고 추진력이 있어 보일지 모르나 그 이면에는 자신의 확신에 의한 노예로 전락할 수 있는 가능성도 배제할 수 없다. 자신의 생각에 갇혀 오로지 그로 인한 삶을 생각하기 때문이다.

우주 공간에 있는 어떤 존재라도 항상 그 자리를 유지하고 있는 것은 없다. 시간에 따라 변하기 마련이다. 위치와 성질과 그 모든 것은 흐름에 따라 모습을 바꾸어야 새로운 세계를 만날 수 있다. 우리의 신념이나 생각도 마찬가지이다. 내가 현재 가지고 있는 생각이나 판단이 시간이 지나면 옳지 않을 수 있다. 확신은 시간의 함수로 생각해야만 한다. 순간적으로 자신에 대해 확신할 수는 있으나 시간이 지나면서 그 확신의 잘못일 수 있다는 가능성을 염두에 두고 의심해야 한다. 그렇지 않을 경우 그는 자신의 확신의 이면에 존재하는 스스로의 세계에 갇혀 버리고 마는 존재에 머무르게 되고 말 것이다.

내가 가지고 있는 확신을 언제든지 과감하게 벗어버릴 용기가 필요하다. 이는 주관이 없는 자가 아닌 진정으로 자신마저 버릴 줄 아는 용기 있는 자만이 가능하다. 자신의 내적 성장은 자신을 버릴 수 있는 것에서부터 시작하는 것일지 모른다.

자신의 확신만을 의지하는 자는 성장을 모르는 자, 성장을 두려워 하는 자, 현재에 안주하고자 하는 자일 수밖에 없다. 스스로를 확신하는 것은 겉으로는 강한 자 같아 보이나 실은 고집만을 내세우는 독선에 사로잡힌 결과밖에 되지 않는다. 자신의 세계만이 전부라고 인식하고 있는 것일 뿐이다.

자신이 스스로에게 자유로울 때 진정한 성장이 이루어질 수 있지 않을까 싶다. 확신을 내려놓아야 그 이면에 존재하는 것도 사라질 수 있다. 사고에 있어 부드러운 자가 그래서 단단한 자보다 더 강할 수 있다.

3. 신념이 학살을 불렀다

인류의 역사에서 참혹한 장면은 무수히 나온다. 중세시대 200년간 걸쳐 치러진 십자군 전쟁, 이 전쟁은 종교적 신념이 인간의 생명을 얼마나 하찮게 여길 수 있는지를 적나라하게 보여준 인류의 가장 슬픈 역사 가운데 하나이다. 이 전쟁은 처음에는 종교적 신념에서 비롯되었지만 전쟁을 치러 가면서 잡다한 인간의 탐욕과 어우러져 나중에는 신앙적 광기로 변해 버렸다. 이로 인해 셀 수 없는 젊은이들의 목숨이 하루아침에 이슬같이 사라져 버릴 수밖에 없었다.

개인적 신념이 집단적 광기로 변해 일어난 세계 제2차대전의 역사는 이보다 더하다. 죄 없는 600만 명의 유대인이 아무 저항도 하지 못한 채 수용소에서 비누보다 못한 존재로 목숨을 잃어갔다. 이는 세계의 전쟁으로 이어져 수천만 명이 젊은이들이 지구상에서 영원히 사라져 버렸다. 신념은 이렇게 무섭다. 수천만 명의 목숨도 한순간에 잡아먹어 버릴 정도로 무지막지하다.

"역사를 그렇게 포악하게 만든 것은 의견 다툼이 아니라 의견에 대한 신앙, 즉 신념의 다툼이다. 자기 신념을 그토록 위대하게 여긴 나머지 온갖 종류의 희생을 치르고 또 명예, 육체, 생명까지도 그 신념을 위해 아끼지 않았던 모든 사람들이, 만일 자신들이 어떤 정당성을 가지고 그토록 그 신념에 매달리는지, 자신들이 어떻게 해서 그 신념을 갖게 되었는지에 대한 분석에 제 힘의 절반이라도 바쳤더라면, 인류의 역사는 얼마나 평화로워질 수 있었을까? 얼마나 더 많은 인식이 주어졌을 것인가. 만약 그랬다면 그 모든 잔혹한 이단자 박해는 일어나지 않을 수도 있었다. 첫째는 심판관들이 무엇보다도 자기 자신을 심판했더라면 자신들이야말로 절대 진리를 옹호하는 자들이라는 자만에서 벗어났을 것이며, 둘째로 이단자 자신의 교리에 대해서 조사를 했더라면 그것에 대해 더 이상 아무런 관심도 갖지 않게 되었을 것이기 때문이다.(인간적인 너무나 인간적인)"

위대한 신념이란 존재하지 않는다. 그것은 개인이 가지고 있는 일개의 생각일 뿐이다. 자신의 신념이 옳다고 생각하는 것은 광신이 될 가능성이 항상 존재할 수밖에 없다. 이러한 광신은 아무 죄 없는 아녀자를 마녀로 몰아 벌이는 마녀사냥으로 되기에 충분하다. 현재에도 이러한 마녀사냥은 어디에나 존재한다. 나치나 공산주의에만 존재하는 것도 아

니다. 자본주의 사회, 자유주의 사회에서도 번연히 나타난
다.

　신념은 자신을 구속한다. 여기에 무서움이 있다. 그렇기에
광기로 변할 수 있는 것이다. 자신의 신념을 절대화하지 않
고 버릴 수 있는 용기를 가진 사람이 많을수록 인류의 아팠
던 학살의 역사가 다시는 반복되지 않을 것이다.

4. 아픔의 의미

아프지 않는 사람은 아무도 없다. 우리 모두는 언젠가는 아프기 마련이다. 그 아픔이 내면의 아픔이건 육체적 아픔이건 그 누구도 예외 없이 그러한 일을 경험하기 마련이다.

평생토록 육체적 질병이나 내면의 슬픔과 아픔을 겪지 않고 살아가는 사람은 없다. 어차피 찾아오는 아픔이라면 그 아픔에 대해 알아야 할 필요가 있다. 그 아픔에서 주저앉아 버린다면 절망만 남아 있을 것이다. 누구나 겪는 아픔이기에 이를 긍정적으로 생각하여 더 나은 방향으로 나가야 한다.

"질병은 우리를 서서히 자유롭게 만든다. 질병은 나에게 모든 단절, 모든 폭력적이고 불쾌한 과정을 허용해준다. 질병은 그와 동시에 내게 모든 습관을 뒤엎을 수 있는 권리를 부여해준다. 질병은 나에게 태만을 허용하는 동시에 명령한다. 질병은 나에게 늘어진 자세, 여가, 기다림과 인내에 대한 의무를 선사한다. 그러나 사유로 인도하는 것이야말로 질병의 가장 큰 선물이다. (인간적인 너무나 인간적인)"

커다란 아픔은 인생의 커다란 전환점이 된다. 이제까지 살아왔던 자신의 길을 완전히 바꾸게 만들 수도 있다. 그때까지 믿어왔던 것에서 탈피할 수도 있다. 자신의 길이라 생각했던 것이 아닐 수 있다는 것을 깨달을 수도 있다. 그러한 전환이 커다란 아픔이 우리에게 주는 의미 있는 열매일 수 있다.

"근원적으로 고통받는 존재는 그 고통의 바닥에서 사물에 지독할 정도로 냉정한 시선을 던진다. 건강한 시선으로 보았을 때는 사물이 습관적으로 젖어 들었던 이러한 소소한 거짓 기쁨은 모두 다 저절로 사라진다. 기쁨은 아무런 매력도 색도 없는 그 자체로 명료한 시선 아래 놓인다. 지금까지 우리가 어떤 위험한 환상 속에서 살아왔다고 가정해보자. 고통스러운 현실은 이 망상에서 벗어날 수 있는 수단, 아마도 유일한 수단을 불러낸다. (여명)"

우리는 아픔으로부터 객관적인 인식이 가능해진다. 나 자신을 돌아볼 수 있게 되고 다른 사람에 대해 다시 한번 깊게 생각해 볼 수 있다. 삶에 대해서 가치관에 대해서 살아온 것에 대해서, 살아갈 날에 대해서 깊이 있게 사색할 수 있는 기회를 준다.

그러한 기회를 잘 살려 과거의 잘못은 고치고 남아 있는 시간을 더욱 의미 있게 보내려고 계획해야 한다. 아픔은 우리를 충분히 성숙시켜 줄 수 있다.

삶의 바닥까지 내려가 본 사람은 더 높이 날아오를 수 있다. 추락해 보았기에 그 추락이 무엇인지 마음 깊이 겪었기 때문이다.

죽음을 경험해 본 사람은 죽음에 대해 초월할 수 있다. 삶과 죽음은 별 차이가 없다는 것을 누구보다도 잘 알고 있다. 그렇기에 삶의 소중함을 뼈저리게 느낀다.

모든 것을 잃어본 사람은 어느 것에도 집착하지 않는다. 원래 내 것이 없었다는 사실을 너무나 잘 알기 때문이다. 지금 가지고 있는 것을 전부 잃는다 하더라도 슬퍼하거나 괴로워하지 않는다. 원래는 내 것이 아니었기 때문이다.

크게 아파 보았던 사람은 또 다른 아픔이 다가온다 하더라도 두려워하지 않는다. 그 아픔에 내성이 생겼기 때문이다. 아픔은 잠시일 뿐이라는 것도 너무나 잘 알기 때문이다.

이제 아픔이란 존재하지 않는다. 너무나 많이 아파 보았기에 이제 더 이상 아픔은 의미가 없을지도 모른다.

5. 이원성에 대하여

<이원성>

두 개로 나누는 순간
아픔과 고통은 동반될
수밖에 없습니다

내가 속해 있는
내가 좋아하는
내가 생각하는 근원과

내가 속해 있지 않은
내가 싫어하는
내 생각과 다른 근원이
존재하기 때문입니다

원래 두 개로 존재하는 것도 아니었거늘
두 개로 나눌 필요도 없었습니다

그렇게 두 개로 나누는 것 자체가
오류일 수 있습니다

　우리는 평상시 살아가면서 아무 개념이나 관념 없이 무언가를 나누거나 분류한다. 예를 들어 너와 나, 너희와 우리, 우리 학교와 다른 학교, 우리 회사와 다른 회사, 우리 민족과 다른 민족, 우리나라와 다른 나라 이런 식으로 말이다.
　이러한 것을 가만히 살펴보면 그 근원을 대체로 두 개로 나눈다. 가장 대표적인 특징은 내가 포함되어 있는 것과 내가 포함되어 있지 않은 것이다. 즉 근본이 두 개 존재하는데 이를 이원성이라고 한다.
　이원성(二元性, Duality)을 좀 더 엄밀히 정의한다면 사물을 이루는 두 개의 다른 근본 원리가 갖는 성질이라 할 수 있다. 여기서 다른 근본 원리를 우리의 실생활에 적용한다면, 그 근본 원리 중 하나는 내가 포함되어 있는 것이고 다른 하나는 내가 포함되어 있지 않은 것이다. 위에서 쉽게 예를 든 것과 마찬가지이다.
　여기서 주목해야 할 것은 이렇게 두 개로 나누는 이유는 무엇인가라는 점이다. 굳이 두 개로 나누어야 할 필요가 있는 것인지, 정말 두 개로 나누어야 맞는 것인지도 모른 채 우리는 아무 의식이나 생각 없이 분별하여 두 개로 나누어 버린다. 여기서 아픔과 고통이 당연히 동반될 수밖에 없다.

그 이유는 간단하다. 내가 포함되어 있는 것과 내가 포함되어 있지 않은 경우 모든 일에서 행복이나 기쁨을 누릴 수 없기 때문이다. 왜냐하면 내가 포함되어 있는 것에서 어떠한 성취가 이루어진다면 나는 기쁠지 모르지만, 그 반대의 경우에는 나는 마음이 편하지 않을 수밖에 없다. 세상을 이렇게 둘로 나누어 버리면 나에게 일어나는 모든 일과 나의 주변에서 일어나는 모든 일 중 반은 나의 반대 측에 해당하는 것이므로 나는 그로 인해 고통과 아픔을 느낄 수밖에 없는 것이다. 내가 아무리 노력을 해도 세상의 반쪽은 나와는 정반대의 길을 갈 수밖에 없기 때문이다.

결국 가장 문제가 되는 것은 우리가 나누어야 할 이유도 없고 나누어야 할 목적도 모른 채 그저 관습과 인습에 매여 그것에 따르며 살아왔기에 그것으로부터 자유롭지 못할 수밖에 없다.

그렇다면 어떻게 해야 이런 것으로부터 자유를 얻을 수 있을 것인가? 그것은 분별하지 않으면 된다. 누가 옳은지 옳지 않은지, 그 정확한 기준도 없이 그저 나누어 놓았더니 그로 인해 생기는 문제와 고통이 우리 삶의 커다란 멍에가 되어 버리고 만 것이다. 문제는 그 멍에를 스스로 내려놓지도 못하고 평생 짊어지고 가야 하는 운명에 있다. 그 운명에 맞서 우리는 이제 그 멍에를 진정으로 내려놓지는 못할지라도 깊이 있게 생각하여 현명한 선택이라도 할 수 있는 자세를 갖추어야 한다. 나와 너라는 세계를 조금씩이라도 허물기 시작하면 그만큼 우리는 삶의 자유로움을 더 얻을 수 있을지 모른다.

"형이상학적 철학은 하나가 다른 하나로부터 발원한다는 사실을 부정함으로써 그리고 더 높은 가치가 부여된 사물을 위해서는 사물 자체의 핵과 본질에 그것의 기적적인 근원을 상정함으로써 이 난점을 극복해왔다. 반면, 모든 철학적 방법들 중에서 가장 젊고, 더는 자연과학과 분리될 수 없는 역사철학은 개별적인 사례들을 관찰함으로써 어떠한 대립도 존재하지 않는다는 점과 이러한 반정립은 추론의 오류 때문에 발생했다는 점을 발견했다. 모든 선한 동기들은 아무리 고상한 이름을 갖다 붙인다 해도 사실은 독이 들어 있다고 생각되는 동기들과 한 뿌리에서 자란 것이다. 선한 행위와 악한 행위는 전혀 다른 행위가 아니다. 그 둘 사이에는 기껏해야 정도의 차이만 있을 뿐이다. 선한 행위는 승화된 악한 행위다. (인간적인 너무나 인간적인)"

문제의 핵심은 우리의 평상시 느끼는 고통과 불행의 원인은 바로 이렇게 우리의 생각이 단순하게 그 기준이나 이유도 없이 두 개로 나눈 것에서 비롯된다. 그렇다면 그러한 문제는 어떻게 해결하면 될까? 답은 간단하다. 분별하지 않으면 된다. 물론 처음부터 모든 것을 분별하지 않는 것은 무척이나 힘들다. 하지만 시간이 지나가면서 그러한 분별에 진정으로 아무런 의미가 없다고 깨닫는 순간 우리는 많은 것으로부터 자유를 얻게 될지 모른다.

오늘 나는 다른 어떤 사람에 대해 그는 "나쁜 사람", 또 다른 어떤 사람에게 그는 "착한 사람"이라고 생각하고 말하고 그런 적은 없었을까? 만약 그랬다면 나는 아직도 분별, 즉 이원성의 오류에서 전혀 벗어나지 못한 채 그 아무짝에도 쓸모없는 헛된 개념의 노예로 살았던 것에 불과하다.

세상에는 나쁜 사람과 착한 사람은 존재하지 않는다. 누군가를 나쁜 사람이라고 규정해 버리는 순간 그는 나에게는 그 후로 계속해서 나쁜 사람으로 남는 것이고, 누군가를 착한 사람이라고 규정해 버리면 그는 나에게 착한 사람으로 남게 된다. 하지만 시간이 지나 내가 믿었던 착한 사람으로부터 나는 배신을 당할 수도 있고 뒤통수를 맞을 수도 있다. 아니면 내가 생각했던 나쁜 사람으로부터 내가 정말 힘들었을 때 진정한 도움을 받을 수도 있다. 이 모든 것은 이원성의 오류에서 기원한다. 다른 사람이 하듯 쉽게 나도 이러한 이원성의 오류를 검토조차 하지 않고 그에 따라 살아갈 때 그 책임은 오로지 내가 짊어져야 할 뿐이다. 세상은 두 개로 나누어 존재하지 않는다. 사람도 두 분류의 사람으로 나누어 존재하지 않는다. 세상은 세상일 뿐이며 사람은 그저 존재하고 있는 것일 뿐이다. 진정한 내면의 자유는 내가 가지고 있는 많은 오류를 찾아내어 하나씩 없애가는 것에서 시작해야 한다.

6. 세상은 합리적이지 않다

니체의 "모든 인간은 기본적으로 권력에의 의지를 가지고 있어 이를 바탕으로 행동한다."라는 주장에 어떤 이들은 비판하지만, 그의 인간 내면에의 탐구는 박수받기에 마땅하다.

약육강식의 원리는 동물의 세계에서만 적용되는 것은 아니다. 당연히 인간의 세계에서도 그 원리는 적용되어 왔다. 역사적으로 볼 때 인간에게 있어 힘 있는 자는 많은 것을 얻었고 힘없는 자는 굴욕적으로 살아야 했다.

태양의 강렬한 햇빛이 내리쪼이는 한 여름, 어떤 노동도 하지 않고 금수저를 물고 태어났다는 이유로 가만히 있어도 경제적인 걱정 없이 살아가는 사람이 있는가 하면, 땀을 비오듯 흘리면서 땡볕에서 힘든 일을 해도 하루 먹고 살아가는 것이 힘에 부치는 사람들도 수없이 많다.

세상은 공평한 것이 아니다. 정의롭지도 않다. 공정한 사회도 아니다. 노력한 만큼 돌아오는 것도 아니다. 이것은 부인할 수 없는 슬픈 현실이다.

영원한 약자로 살 수는 없다. 아무런 것도 하지 못한 채 강한 자에게 당하고만 있을 수는 없다. 힘을 길러야 한다. 내가 무시당하지 않고 존중받지 못하는 한 나의 존재는 참담할 수밖에 없다. 그러기에 강한 자가 되려고 노력해야 한다.

하지만 단순한 강자가 되지는 말아야 한다. 만약 그렇게 된다면 내가 당한 것만큼 내가 다른 사람들을 그렇게 만들 수가 있다. 나와 같은 약자를 내가 만들게 되는 것이다. 그러기에 진정한 강자가 되어야 한다. 약자에게 함부로 하지 않고 그를 배려할 줄 아는 그러한 강자가 되어야 한다.

강자는 싸우지 않는다. 그의 마음에는 항상 약자가 존재하기 때문이다. 어쩌다 강자가 된 사람은 자신이 가지고 있는 것을 확신하여 상대를 굴복시킬 수 있다는 자신감으로 싸움을 시작하여 약자를 짓밟는다. 하지만 그의 앞길이 결코 순탄치 않음을 인식하지 못한다. 자아도취에 빠진 결과며 오만의 극치이다.

"이 세상이 어떤 영원한 합리성을 구현하는 추상적인 실체가 아니라는 것은 우리가 너무나 잘 알고 있는 이 세상의 한 조각인 인간의 이성이 조금도 합리적이지 않다는 사실로도 충분히 증명되고 있다. 인간의 이성이 영원히, 또 절대적으로 현명하지도 않고 합리적이지도 않다면, 세상의 나머지도 마찬가지로 현명하지도 않고 합리적이지도 않다. (인간적인 너무나 인간적인)"

약자도 강자를 이기려 하는 것보다는 자신부터 이겨나가야 한다. 자신의 현재의 상태를 개선하려는 의지가 없는 자는 약자에서 벗어날 수가 없기에 영원히 강자에게 굴욕을 당하며 살 수밖에 없다. 나 자신을 이겨야 진정한 강자로 나아갈 수 있다. 강한 자를 비판할 시간이 있다면 나 자신이 스스로 강한 자가 되기 위해 노력해야 한다.

나 자신이 나를 넘어서는 순간 강자의 길로 들어설 수 있다. 진정한 약자는 현재에 안주하는 자이다. 자신의 모든 것을 걸고 도전해야 한다. 아무것도 하지 않는 이상 아무것도 이룰 수 없다. 내가 시도하는 모든 것이 성공을 보장하지도 않는다. 하지만 많은 것을 노력하다 보면 그중에 하나는 나의 힘이 되어줄 수 있는 기반이 될 수 있다.

모든 것이 공평하고 공정한 사회를 만든다는 것, 강자와 약자가 함께 공존할 수 있는 것을 바라는 것은 헛된 망상에 불과하다. 그런 일은 인류가 멸망하는 날까지 도래하지 않는다. 그런 사회를 꿈꾸며 그것이 현실 가능하도록 노력하는 것이 중요는 하겠지만, 어느 정도까지만 가능할 뿐이다. 완전한 그런 사회의 도래를 생각하는 것은 지극히 유아기적 사고에 불과하다. 인간 자체가 완전하지 않다는 것을 잊었기에 그러한 것을 바라고 있는 것인지도 모른다.

차라리 진정한 강자로의 길을 권장하고, 약자에서 벗어날 수 있는 방법을 제시라도 한다면, 솔직하게 인간의 참모습을 지적한 니체처럼 박수라도 받을 수 있다.

힘들고 어렵고 자존심 밟혀가며 나를 주장하지도 못했던 힘든 상태에서 살아왔던 그 순간들이 언젠가는 추억의 순간이 되는 날이 곧 올 것이다. 그렇게 어제를 살아왔고, 더 나은 내일을 위해 오늘을 살아가고 있기에 햇살처럼 밝고 환한 날들이 곧 오리라 믿는다.

바라건대 약자를 배려해 주는 진정한 강자가 많은 사회, 스스로를 약자에서 벗어나려고 노력하는 사람들이 많은 사회, 우리 사회가 그러한 사회로 거듭날 수 있기를 희망해 본다.

7. 보다 높은 자아

　과거의 나와 비교해 볼 때 현재의 나는 더 나은 모습으로 존재하고 있는지 스스로 물어볼 때 어떤 대답을 할 수 있는 것일까? 나는 매일 똑같은 모습으로만 존재하고 있는 것은 아닐까? 우리가 현재 존재하는 이유는 보다 나은 미래의 자아를 위한 것이 아닐까? 미래의 내가 현재의 나보다 더 못하다면 우리의 현재는 그리 큰 의미가 없을지도 모른다.

　"모든 사람은 어떤 훌륭한 순간 자신의 보다 높은 자기를 발견하게 된다. 다른 인간들에 대해서 우리가 진정한 애정을 가지고 평가할 경우에, 우리는 그들을 오직 이러한 상태에 따라서 평가하며, 부자유와 노예상태 속에 있는 일상적인 나날에 따라서 평가하지 않는다. 예를 들어 우리는 하나의 화가를 그가 볼 수 있고 묘사할 수 있었던 최고의 비전에 딸서 평가하고 존경해야만 한다. 그러나 사람들은 자신의 이러한 보다 높은 자기와 매우 다양한 방식으로 관계한다. 그리고 사람들이 그러한 훌륭한 순간의 자신의 상태를 나중에 항상 거듭해서 모방하는 한 사람들은 자기 자신을 표현하고자 하는 연극배우들이다. 사람들은 자신의 이상을 구현하지 못하고 있다는 사실을 부끄러워하면서 굴욕감을 느끼고 따라서 그러한 이상을 부인하고 싶어 한다. 그들은 자신의 보다 높은 자기가 말할 때 그들에게 많은 것을 요구하기 때문에 그것을 두려워한다. 더 나아가 보다 높은 자기는 자신이 원하는 대로 오기도 하고 지속적으로 머무를 수 있는 유령같은 자유를 갖는다. 따라서 그것은 자주 신들의 선물이라고 불린다. 그러나 그것은 본래 우연의 선물이 아니라 인간 그 자신이다. (인간적인 너무나 인간적인)"

보다 높은 자기를 되는 데 있어 그 책임은 오로지 나에게 있을 뿐이다. 그 누구도 더 나은 내가 되는 데 있어 직접적인 도움을 주는 경우는 드물다. 다른 사람의 도움을 원한다면 나 스스로 그것 또한 찾아나서야 한다. 그렇게 찾았다고 할지라도 그것이 나의 진정한 발전에 있어 도움이 될지는 알 수가 없다.

보다 높은 자아가 된다면 더 많은 것에서 내면의 자유를 느낄 수 있고, 일상에서 일어나는 많은 고통과 괴로움에서도 해방될 수 있을 것이다.

나의 나됨은 바로 이러한 어제보다는 나은 오늘의 내가 오늘아 나보다는 더 나은 내일의 내가 되는 데 있는 것이 아닐까 싶다.

8. 초조

우리는 왜 그리 열심히 살아가고 있는 것일까? 아침부터 저녁까지 쉬지 않고 일하는 우리들은 무엇을 위해 그렇게 치열하게 노력하고 있는 것일까? 그토록 최선을 다해 무언가를 이루어낼지라도 그 모든 것이 어느 순간 사라져 버릴 수도 있다.

무언가를 이루기 위해, 우리가 목표로 하는 것을 달성하기 위해 마음 졸이며, 불안해하며, 초조한 마음으로 하루를 살아가고 있는 것은 아닐까?

"현대의 초조-지구의 서쪽으로 갈수록 현대의 초조는 더욱 심해진다. 그래서 미국인에게는 유럽의 국민들이 모두 조용함을 사랑하며 즐기고 있는 것처럼 보이는 모양이지만, 사실은 유럽에서도 사람들은 꿀벌처럼 뒤얽혀서 날아다니고 있는 것이다. 이 소동은 대단하여 고등문화는 이젠 더 이상 열매를 맺을 수 없을 지경이다. 마치 계절의 변화가 너무 빠른 것 같은 느낌인 것이다. 침착성이 없기 때문에 우리의 문명은 새로운 야만상태로 빠져들어가고 있다. 활동가가, 즉

침착성이 없는 사람들이 이 이상으로 위세를 떨친 적은 없었다. 따라서 인류는 정관(靜觀)하는 삶을 크게 강화할 필요가 있다. (인간적인 너무나 인간적인)"

열매가 맺히기 위해서는 시간이 필요하다. 햇빛을 받아야 하고, 비를 기다리기도 해야 한다. 충분한 시간이 지나지 않고서는 열매는 맺히지 않는다.

치열하게 살아가는 것은 좋으나 그 무엇을 위한 치열한 삶인지는 알아야 한다. 열심히 노력하는 이유가 진정 어떤 의미가 있는지 이해해야 한다. 나를 돌아보고, 제대로 내가 갈 길을 가고 있는지 돌아봐야 한다.

무작정 달려야 할 이유가 없다. 무엇을 위해, 어디로 가야 하는지, 시간이 지나지도 않았는데 무언가를 바라고 있는 것은 아닌지 깊게 살펴보아야 할 필요가 있다.

무엇을 얻는 것보다는 나 자신의 존재가 가장 중요하다는 것을 마음속에 깊이 새겨야 하지 않을까 싶다.

<선악의 저편>

1. 고통에서 자유롭다

　고통을 많이 겪다 보면 더 이상 두려움이 생기지 않는다. 그 아픔의 바닥까지 내려가 보고 나면 어떤 고통이 다가와도 담담할 뿐이다. 죽음을 이미 초월해 보았다면 더 이상 잃을 것이 없다는 걸 너무나 잘 알기 때문이다.

　이제는 고통을 긍정할 수 있게 되었다. 고통이 나의 이웃이 된 듯하다. 기꺼이 받아들일 수 있다. 삶을 편하게 살 수 없다는 것을 경험으로 깨달았기에 그렇다.

　"그대들은 가능한 한 고통을 없애려고 한다. 그렇다면 우리는? 우리는 실로 오히려 고통을 증가시키고, 이전보다 더 악화시키려고 하는 것 같다. 고통에 대한 훈련, 거대한 고통에 대한 훈련, 그대들은 바로 이 훈련이 지금까지 인류의 모든 향상을 가능하게 했다는 사실을 아는가? 영혼의 힘을 길러주는 불행 속에서 영혼이 느끼는 긴장, 거대한 파멸을 목도하는 영혼의 전율, 불행을 짊어지고 감내하고 해석하고 이용하는 영혼의 독창성과 용기, 그리고 깊이, 가면, 정신, 간계, 위대함에 의해 영혼에게 부여된 것, 이것은 고통을 통해, 거대한 고통에 대한 훈련을 통해 영혼에게 부여된 것이 아닌가? 인간 안에는 피조물과 창조자가 통일되어 있다."(선악의 저편)

고통을 통해 내가 더 발전하는지 더 나아지는 것인지는 관심이 없다. 니체의 생각과는 반대일지 모르나 나는 나만의 길이 있다고 믿을 뿐이다. 우리의 삶은 어떤 목적보다도 지금 이 과정이 더 소중하다는 것을 알기 때문이다. 나에게 내일이 주어지지 않을지도 모르기에 그렇다.

다만 고통이 나에게 그리 큰 문제가 아니라는 것은 니체의 생각과 동일하다. 고통을 없애려 하는 마음도 이를 극복하려는 마음도 사실 나에게는 의미가 없다. 고통이 내가 원한다고 오는 것도 아니며 원하지 않는다고 오지 않는 것도 아니다. 그것이 이제 오늘의 일상처럼 되었기에 오면 오는 것이고 가면 가는 것에 불과하다.

나는 이제 고통에서 자유롭다. 그저 담담히 나의 길을 묵묵히 가기만 하면 된다.

2. 선 그리고 악

무엇이 선이고 무엇이 악일까? 자신의 생각에 부합하면 선이며 자신의 기준에 부합하지 않으면 악인 것인가? 선과 악을 분명히 구별하는 기준은 어디에서 오는 것일까? 그 기준의 확실성은 어떻게 담보할 수 있는 것일까?

우리는 보통 선과 악의 기준이 정해져 있다고 생각한다. 즉 어떠한 것인 도덕적인 것인지는 이미 정립되어 있다고 판단한다. 하지만 영원히 변하지 않는 그리고 모든 사람이 인정하는 객관적인 도덕적 기준이란 존재하지 않는다.

"도덕적 현상이란 존재하지 않고, 다만 현상들에 대한 도덕적 해석만이 존재한다(선악을 넘어서)."

도덕이란 어찌 보면 그 공동체가 그 시대에서 공동체 자체를 위해 만들어 놓은 일시적 가치체계에 불과할지 모른다. 그 공동체의 생존과 그 조직의 강화 및 연속성을 위한 인위적인 기준에 해당할 뿐이다. 시대가 흐르고 세대가 바뀌면 그러한 기준은 언제든지 변할 수 있다.

"한 시대에 악으로 받아들여지는 것은 대개는 그 전 시대에는 선으로 받아들여졌던 것이 때를 잘못 만나 그런 반응을 얻게 된 것이다. (선악을 넘어서, 니체)"

우리가 생각하는 선이나 악은 공동체의 유지를 위해 공동체 구성원에게 강요한 것에 의해 정립되어 왔다. 그러한 선과 악은 절대적이 아니다. 도덕이란 인간의 본성에 따르는 것도 아니며, 인간이 인위적으로 만든 기준에 의해 확립되는 것도 아니다. 소위 양심의 가책이라는 것도 인간의 본질에 의해 나타나는 현상이 아닌 그 시대의 부산물에 불과하다.

"우선 도덕이란 일반적으로 공동체를 존속시키며 공동체의 붕괴를 방지하기 위한 한 가지 수단이다. 다음으로 도덕이란 공동체를 어떤 수준 그리고 어떤 질로 유지시키기 위한 수단이다. 도덕의 동기는 '공포'와 '희망'이다. 불합리하고 편협하고 개인적인 성향이 강하면 강할수록 보다 더 조잡하고 강력하고 거칠게 되는 공포와 희망 말이다. 공동체를 존속시키고 일정한 수준에서 유지하는 것이 보다 원만한 수단으로는 불가능할 것 같은 때는 가장 무서운 공포를 수단으로 쓰지 않으면 안 된다. 영원한 지옥과 더불어 피안을 고안해 낸 것은 그중에서도 가장 강력한 수단에 속한다. 그것에 의해서 영혼에 고문과 교수형이 행해지기 때문이다(인간적인 너무나 인간적인)"

선과 악에 관해 이야기하며 자신이 옳고 타인이 옳지 않다고 주장하는 사람 그 자체는 신뢰할 수 없다. 그는 선과 악의 진정한 의미를 모르는 사람에 불과할 뿐이다. 우리가 진정으로 나아가 할 곳은 선악을 넘어선 그러한 경지에 도달하는 것이다. 그곳에서 우리는 진정한 자유를 누릴 수 있을 뿐이다.

3. 고칠 수 있다면

완벽한 인간은 존재하지 않는다. 누구나 좋은 면이 있다면 그렇지 못한 면도 있기 마련이다. 자신의 좋지 않은 점을 쉽게 고칠 수 있다면 얼마나 좋을까? 하지만 대부분의 경우 우리는 자신의 단점을 고치지 못한 채 살아가게 된다. 심지어 자기의 단점을 잘 인식하지 못하고 그것이 당연하다고 생각하며 살아가기도 한다.

보다 나은 삶을 위해서는 그러한 자신의 좋지 않은 면을 고쳐 나가야 한다. 나의 나쁜 습관, 나쁜 행동, 이러한 것을 어떻게 고쳐 나가야 할까?

"그러나 우리의 근저에는 훨씬 더 아래에 있는 그 바닥에는 확실하게 배우기를 거부하는 무언가가 있다. 정신적 숙명의 단단함, 미리 결정된 방식으로 선별된 질문에 주어진 미리 결정된 대답의 단단함이 있다. 모든 중요한 문제가 대두되는 순간에 '봐라, 내가 이런 사람이다'라는 불변의 말이 표현된다. 예를 들어 남녀 문제에 대해 사상가는 자신의 배운 것을 수정할 수 없다. 단지 자신이 학습한 것을 끝까지 밀고 나갈 수 있을 뿐이다. 훨씬 나중에 사상가는 자신의 확신 속에서 단지 자신에 대한 인식으로 이끄는 흔적, 문제가 되는 우리 자신의 모습으로 이끄는 이정표만을 볼 뿐이다. 더 정확히 말하면 우리 자신의 모습인 위대한 어리석음, 우리의 정신적 운명, 배우기를 거부하는 이 모든 밑바닥에 있는 것으로 이끄는 이정표만을 볼 뿐이다. (선악을 넘어서)"

자신의 좋지 않은 점을 고치지 못하는 것은 어리석음이다. 하지만 현실적으로 그러한 어리석음을 쉽게 고치는 사람은 드물다. 살아가면서 정말 충격적인 일을 당하거나, 수행자처럼 매일 매일 자신을 돌아보며 살아가지 않는 이상 우리는 자신의 나쁜 점을 오랜 시간 동안 간직한 채 살아가게 된다. 그리고 그러한 것이 나의 삶을 성장시키지 못하고 항상 그 자리로 머물게 하는 중요한 원인이 될 수 있다.

이유야 어찌 되었든 우리의 나쁜 점을 고쳐 나가야 할 필요가 있다. 수행자 정도의 삶은 아닐지라도 매일 명상을 한다던가, 항상 새로운 것을 배우려 마음문을 열어놓는다던가, 자신만의 어떠한 방법을 나름대로 세워나가야 할 필요가 있다.

지금 나의 모습보다 더 나은 모습으로 성장하는 것은 나 자신을 위함이다. 우리가 자신의 나쁜 점을 고치지 못하고 있는 것은 결국 나 자신을 사랑하지 않는다는 말과 같을 수 있다. 나 자신을 위한다면 하루속히 자신의 나쁜 점을 인식하여 그것을 어떻게든 고치려 노력하는 것이 현명할 것이다. 나도 좋지 못한 면이 너무나 많다. 그러한 것을 고치는 것이 생각만큼 쉽지 않다는 것을 잘 안다. 하지만 시간이 얼마나 걸릴지 모르지만 나를 사랑하는 만큼 그러한 것들을 빨리 고쳐질 수 있도록 노력할 뿐이다.

<도덕의 계보>

1. 독단은 노예다

   내가 어떤 것을 바라보는 관점은 옳은 것일까. 나의 관점
이 맞는다는 것을 어떻게 확신할 수 있는가. 그저 느낌인가.
아니면 그동안 살아왔던 삶의 관성인가.
   나의 관점은 시간이 지나도 변하지 않는 것인가. 사물도
변하고 사람도 변하고 모든 것이 변하는 데 나의 관점도 이
에 따라 맞게 변해가고 있는 것인가.
   어제는 맞을 수도 있고 오늘은 틀릴 수도 있고 어제는 틀
릴 수도 있고 오늘은 맞을 수도 있고 이렇듯 관점이 변하면
그 변함의 확실성은 어디서 찾아야 하는 것인가.
   내가 알고 있는 지식은 어떤 관점에서 이루어진 것인가.
옳은 관점에서 쌓아진 지식인가. 옳지 않은 관점에서 누적
된 지식인가. 아니면 이것도 아니고 저것도 아닌 애매모호
한 관점에서 쌓아 올려진 지식인가.

그러한 지식으로 생각하고 판단하는 것을 믿을 수는 있는 것인가. 나 자신의 잘못을 인식도 못하고 있는 상황에서 어떤 결정이나 판단은 무엇을 근거로 하고 있는 것인가.

"모든 것은 단지 관점적인 이해이거나 관점적인 '앎'일 따름이다. 하나의 대상에 대해서 더 많은 감정을 기울여 말할수록, 그것을 보기 위해서 더 많은 다양한 눈을 사용할수록 그 대상에 대한 우리의 개념과 객관성은 더욱 완벽해질 것이다. (도덕의 계보)"

나의 관점을 다양하게 할 필요가 있다. 나의 관점은 하나가 아니다. 둘도 아니다. 셋도 아니다. 열 개가 될 수도 백 개가 될 수도 있도록 해야만 한다. 나의 인식을 위해 모든 판단의 객관성을 위해 나의 관점은 그 개수가 중요한 것이 아니다.

두려워해야 하는 것은 나의 관점이 하나에 불과하다고 정해버리고 거기에 매여 있는 것이다. 그것은 독단이 될 수밖에 없고 나는 나 스스로의 노예가 되는 길을 선택하는 것이다. 관점에서의 자유로움이 그 노예의 길로 들어서지 않는 최고의 방법이다.

2. 적을 환영하자

나는 적이 두렵지 않다. 나를 죽이려고 달려드는 적을 오히려 환영할 뿐이다. 내가 그 적을 쓰러뜨리지 못하면 내가 죽을 수도 있다. 하지만 전혀 겁나지 않는다. 오히려 그러한 기회가 주어진 것에 감사할 뿐이다. 죽음 따위에 연연할 것이라면 살 가치도 없다. 어차피 죽음은 삶의 일부일 뿐이다. 잃을 것도 없고 미련 둘 것도 없다. 그러기에 그 어떠한 적도 나에겐 나의 성장의 발판에 불과하다.

싸움도 싸워봐야 느는 것과 마찬가지다. 적과 많이 싸워봐야 나의 실력도 느는 법이다. 그러기에 나는 적을 환영하는 것이다. 나에게 좋은 기회를 부여해 주기 때문이다.

"자신의 적, 자신의 재난, 자신의 비행 자체도 오랫동안 심각하게 생각할 수 없다는 것, 이것이야말로 조형하고 형성하며 치유하고 망각하는 힘을 넘칠 정도로 가진 강하고 충실한 인간들의 표지이다. (현대에서 그 좋은 예는 미라보이다. 그는 자기에 가해진 모욕과 비열한 행위에 대해서 아무런 기억도 하지 못했다. 그가 남을 용서할 수 없었다는 것도 단지 그가 잊어버렸기 때문이다.) 이러한 인간은 다른 인간들의 경우에는 파고들었을 많은 벌레들을 단 한 번에 흔들어 털어버린다. 도대체 이 지상에서 '적에 대한 진정한 사랑'이 있을 수 있다면 다만 이와 같은 고귀한 인간에게만 있을 수 있다. 고귀한 인간은 자신의 적에 대해서 얼마나 많은 외경심을 지니고 있는 것인가? (도덕의 계보)"

죽음을 초월했는데 어떠한 적이 두렵겠는가. 오히려 나에게 적이란 나 자신의 힘을 테스트할 기회일 뿐이다. 그로 인해 나의 능력이 더 발전될 수밖에 없다. 패배 또한 두려워하지 않는다. 어떠한 패배라 할지라도 그것이 나의 삶을 엄청나게 바꾸지는 않기 때문이다.

현재의 나의 모습이 어떠하건 그것 또한 상관하지 않는다. 내가 적을 이길 수 있는 능력이 되는지 그러한 것에도 관심이 없다. 나보다 더 강한 적이 온다면 현재의 나의 모습은 더 빠른 시간 안에 훨씬 더 발전된 모습을 기대할 수 있기 때문이다.

무엇이 두려운가. 두려워할 것은 아무것도 없다. 오히려 적을 환영하고 기뻐할 뿐이다. 내가 관심이 있는 것은 오직 적과의 만남 후의 나의 모습에 있다. 어떠한 적이건 어떻게 나에게 다가오건 그런 것은 전혀 개의치 않는다. 예상치 못한 적의 모습이 오히려 반가울 뿐이다. 그로 인해 내가 더 많이 나아질 기회가 주어질 수 있기에 그렇다.

사실 나는 나의 적에 대해서는 안중에도 없다. 오면 오는 대로 나의 의지로 넘어서기만 하면 될 뿐 그 이상도 그 이하도 아니다. 내가 바라보는 것은 어떠한 적이건 적을 넘어선 그 이후의 나의 모습일 뿐이다.

3. 사람을 바라보지 말며

인간은 생각하는 동물이기 때문에 무섭다. 생각은 그 생각하는 주체의 의지에 따라 좌우된다. 그 주체는 자신을 모든 것의 기준으로, 자기 자신을 우선으로, 자신의 이익을 위하여 생각하기에 그 주체를 제외한 모든 이들에게 이롭지 않을 가능성이 매우 크다.

한 개인이 다른 개인에게 자신의 모든 것을 거는 순간 그 선택이 패착에 이를 수 있다. 모든 것은 변한다. 사람도 예외일 수 없다.

"인간에 대한 공포와 함께 우리는 인간에 대한 사랑, 인간에 대한 외경, 인간에 대한 희망, 심지어 인간에 대한 의지마저도 상실하고 말았다. 인간의 모습을 본다는 것은 이제 우리를 지치게, 싫증 나게 만든다. 이것이 허무주의가 아니라면 오늘날 허무주의란 무엇인가? 우리는 인간에 지쳐버린 것이다. (도덕의 계보)"

인간에 대한 희망을 버릴 수는 없지만, 모든 것을 기대하는 것은 현명하지 못한다. 믿었던 그 희망에 배신을 당하기도 하며, 적으로 변하기도 한다. 인간은 어쩌면 자신을 위한 이기주의로 인해 미약하고 추악한 존재로 전락할 수 있다.

인간에 대한 희망은 그저 사랑으로 족하다. 사랑은 대가를 바라지 않아야 한다. 나를 둘러싼 모든 타인으로부터 무언가를 기대하고, 바라며, 의지하고, 애착하며, 집착하게 된다면 시간이 지나 회의와 실망으로 변해 버릴 수 있다.

인간에 대한 기대는 스쳐 지나가는 바람처럼, 존재 그 자체로 만족해야 한다. 우리가 허무함을 가장 크게 느낄 수 있는 것은 타인으로 인해서일 수 있다. 존재 그 자체로, 무언가를 기대하지 않고 그저 사랑하는 것만으로 족하다.

4. 악을 고치기는 쉽지 않다

　악은 우리 곁에 있기 마련이다. 악의 근원은 어디인 것일까? 그것은 바로 인간의 본성과도 관계가 있을 수밖에 없다. 인간은 이기적이며, 욕심을 충족하려 하며, 자신의 목표를 위하여 다른 존재에 대해 지극히 배타적일 수 있다. 그외 여러 가지 것들의 조합으로 인해 인간은 악의 화신으로 변해버릴 수도 있다.

　이러한 악의 모습은 결코 쉽게 고쳐지지 않는다. 공공선을 위해 이러한 악은 인간의 이성으로 변해야 하는데, 인간 스스로의 의지로는 쉽지가 않기 때문에 국가적, 사회적 제도를 통해 이를 극복하고자 노력할 수밖에 없다.

　"하나의 사상가적 민족을 육성하기 위해서 지상에서 얼마만큼의 고생이 치러져야 했던가를 이해하기 위해서는 우리의 옛날의 형벌 제도를 한번 보는 것만으로 족하다. 이 독일인들은 그들의 천민적인 근본본능과 그에 수반되는 야수적인 추잡스러운 언행을 통제하기 위해서, 무서운 수단을 사용해서 그들 자신에게 기억을 새겼다. 독일의 저 옛날 형벌을 생각해 보라. 예를 들어보면 돌로 치는 형벌, 수레바퀴에 매달아 사지를 찢어 죽이는 형벌, 말뚝으로 꿰뚫는 형벌, 마로 찢어 발기거나 밟아 뭉개는 형벌, 기름이나 술로 범죄자를 삶아 버리는 형벌, 가슴에서 살을 저미어 내는 형벌, 그리고 범죄자에게 꿀을 발라 강렬한 햇빛 아래서 파리떼들이 달려들게 하는 형벌 등등이 있다. 이와 같은 가지각색의 광경이나 전례를 보게 함으로써 사람들은 마침내, 사회생활의 편익을 누리기 위해서 대여섯 가지의 나는 그것을 하지 않겠다는 것을 약속하고 기억에다 새기게 되는 것이다. 그리고 사실 이와 같은 기억의 덕택으로 사람들은 마침내 이성에 도달한 것이다. (도덕의 계보)"

자신을 돌아보고 스스로의 잘못을 깨달아 더 나은 모습으로 성장하는 것이 그렇게 어려운 것일까? 만약 그것이 가능하다면 과거에 존재했던 그리고 현재에 존재하고 있는 수많은 끔찍한 형벌 제도는 사라져 버릴 수도 있을 것이지만, 역사적으로 볼 때 결코 그러한 일은 발생하지 않았다.

인간의 도덕이 필요한 이유가 여기에 있다. 도덕적 인간이 많은 사회가 되기 위해, 비도덕적 인간이 줄어드는 사회를 위해, 우리는 미래를 바라보고 현재를 개선해 나가야 한다.

하지만 현재의 모습이 그리 긍정적이거나 희망적이지 못한 것은 사상의 부재 때문일지도 모른다. 그 사회 전체가 바라고 희망하는 이데올로기가 모든 사회 구성원의 마음속에 파고들지 않는 이상, 그러한 사회가 되기는 결코 쉽지 않을 것이다.

5. 타인을 비난하는 노예

삶에 대한 부정은 자신이 삶의 노예이기 때문이다. 자신이 삶의 주인이 아니기에 부정의 논리를 펼 뿐이다. 다른 사람을 비난하는 것 또한 그렇다. 원인을 자신에게 찾지 않고 타인에게 찾기 때문에 비판하는 것이다.

"모든 고결한 도덕이 자신에게 승리하는 긍정의 말로부터 진행할 때 노예의 도덕은 대번에 외부, 타자, 자기가 아닌 것에 부정의 말을 한다. 그 도덕의 창조적 행위는 바로 이 '아니오'다. 평가하는 시선을 돌리고 자신에게 되돌아오는 대신에 외부로 향할 필연성은 원한에 속한다. 노예의 도덕은 태어나기 위해서 항상 외부 세계, 반세계를 필요로 한다. 이 도덕은 생리학 용어로 표현하면 행동하기 위해서 자극이 필요하다. 그의 행동은 근본적으로 반응이다. (도덕의 계보)"

나는 나의 삶의 주인인 것일까? 만약 주인이라면 나에게 일어나는 모든 일이 나의 책임일 수밖에 없다. 내가 나의 삶의 노예라면 책임을 회피하고 나에게 일어나는 모든 일의 원인을 외부로 돌리게 된다.

삶의 주인이 되기 위한 조건은 우선 삶에 대한 긍정이다. 삶을 긍정하는 이는 모든 일의 일어나는 원인을 찾아 적극적으로 그 문제를 해결하려 한다. 삶을 부정하는 이는 오직 삶에 대한 회의적인 시각만을 유지할 뿐이다.

타자를 비난하는 것 또한 마찬가지이다. 물론 객관적으로 본다면 타인에 의해 발생하는 일도 있다. 하지만 삶의 주인의 마음으로 바라본다면 타자를 비난하기에 앞서 나 스스로 그러한 문제를 해결하려 노력할 것이다.

타인의 잘못된 것만 눈에 보이는 사람은 자신의 잘못은 전혀 인식할 가능성이 없다. 객관적인 시야가 없기 때문이다. 노예는 그저 다른 사람 탓만 할 뿐이다. 삶의 주인인 자는 자신을 객관적으로 바라보고 자신의 문제부터 해결한다. 그리고 타인을 비롯한 나머지는 그저 외부의 현실로 받아들일 뿐이지 비판하거나 비난하지 않는다.

나는 삶을 얼마나 부정적으로 보고 있는 것일까? 현실에서 나는 타자를 얼마나 비난하고 있는가? 나는 삶의 노예의 길을 걷고 있는 것은 아닌가?

타자를 있는 그대로 바라보고 받아들이는 삶이 주인의 삶이다. 삶을 보다 긍정적으로 인식하고 더 나은 모습을 위해 노력하는 것이 삶의 주인으로서의 책임이다. 나는 나의 삶의 주인으로서 오늘을 살아가고 있는 것일까?

6. 이상의 대가

　우리는 삶에서 모든 것을 얻을 수는 없다. 그것이 심지어 나의 생을 다 바쳐서 추구하는 이상이라고 하더라도 그렇다. 내가 살아가는 이유, 그리고 나의 삶의 목표를 위해 나의 모든 것을 바치는 것이 진정 옳은 것인지도 알 수가 없다. 그러한 것들을 위해 어쩔 수 없이 희생되는 것이 존재하기 때문이다.

　살아가면서 나의 이상을 위해 선택을 해야만 하고, 그 선택으로 인해 생각지도 않았던 것을 잃어버리기도 한다. 어떠한 선택을 하더라도 예외는 없다. 내가 진정으로 원하는 것을 위해 다른 것들을 포기해야 하는 경우도 허다하다. 당시에는 나의 그러한 선택이 옳다고 생각되었지만, 시간이 지나고 나서 돌이켜 보면 막상 그렇지 않은 경우도 흔하다.

　"그러나 당신들은, 이 지상에서 이상을 세우는 일이 얼마나 많은 대가를 치렀던가를, 당신들 스스로 물어본 일이 있는가? 그 때문에 얼마나 많은 현실이 오해되고 비방 되었으며, 얼마나 많은 거짓이 신성화되었으며, 얼마나 많은 양심이 교란되었으며, 얼마나 많은 신이 그때마다 희생되어야만 했던가? 하나의 성전이 세워지기 위해서는, 하나의 성전이 무너져야만 한다. 이것이 법칙인 것이다. 이 법칙에 맞지 않는 경우가 있다면 나에게 제시해 보라. (도덕의 계보)"

우리가 추구하는 이상은 진정으로 옳은 것일까? 내가 생각하고 판단하는 것들이 나중에 잘못된 것이 아니라는 확신이 있는 것일까? 이상을 추구하는 나는 모든 것들을 완벽히 알고 그것을 원하고 있는 것일까?

삶은 결코 돌이킬 수가 없다. 판단이란 주관적일 수밖에 없다. 그것을 믿기에 그러한 선택을 하겠지만, 잃는 것도 분명히 있다는 것을 알아야 한다.

그 잃는 것이 당시에는 알지 못했던 더욱 소중한 것일 수 있다는 가능성을 열어놓아야 한다. 선택을 하고 그 이상을 추구하는 동안에도 내가 선택한 길이 진정 옳은 것인지를 수시로 돌아보아야 할 필요가 있다.

언제라도 자신의 판단에 문제가 있다는 것을 알면 그 즉시 다시 원점으로 돌아가 시작해야 한다. 자신이 선택한 것이 전혀 문제가 없다고 고집을 가지는 이상 그는 우물 안 개구리 신세를 면치 못할지도 모른다. 자신의 세계가 너무나 작은데도 불구하고 자신의 선택이 최선이라고 고집을 피우는 것은 오만이며 독선일 뿐이다. 우리가 추구하는 이상,

그것이 진정 나에게 의미하는 바가 무엇인지, 혹시 그것보다 더 소중한 것은 없는 것인지 항상 돌아보고 또 돌아보면서 수시로 나의 길을 보완하고 수정하는 것, 그것이 가장 현명한 것인지도 모른다.

7. 객관적인 해석도 주관적일 뿐

　우리는 살아가면서 우리 주위의 세계를 객관적으로 인식하는 것이 중요할 수밖에 없다. 세계에 대한 해석에서 자신의 주관적인 인식은 어쩌면 커다란 착오가 될 수 있기 때문이다.

　하지만 세계에 대한 완벽한 객관적인 해석은 불가능하다. 어떠한 인식이나 이해도 자신의 주관을 떠나서는 가능하지 않기 때문이다.

　"객관성이란 이해관계를 떠난 사유가 아니다. 모든 것은 단지 하나의 관점에 입각한 '앎'일 따름이다. 하나의 대상을 보기 위해서 보다 많은 다양한 눈을 사용할수록 그 대상에 대한 우리의 개념과 객관성은 보다 완벽해질 것이다. (니체, 도덕의 계보)"

　객관적 인식을 중요하게 생각하는 것은 대부분의 사람들의 세계에 대한 인식이나 해석이 상당히 주관적인 것으로 치우쳐 있기 때문이다.

　자신이 생각하는 것이 옳고 상대가 생각하는 것은 틀리기에 이에 대한 비판이나 비난을 하는 것이 대부분의 사회 현상인 것은 부인할 수 없는 사실이다.

타인을 비판하는 사람일수록 자신을 객관적으로 바라보지 못하는 것일 수 있다. 어떠한 것이 옳은지, 옳지 않은지의 기준을 자신으로 삼기에 더욱 그렇다. 심지어 자신이 생각하거나 판단하는 기준을 자신으로 삼고 있다는 사실조차 잊는 경우도 흔하다.

아이작 뉴턴은 자연에서 일어나고 있는 물리적 현상을 이해하기 위해 그 기준을 시간과 공간으로 삼았다. 기준이 없이는 어떠한 자연 현상도 서술할 수가 없다. 뉴턴은 가장 근본적이고 변하지 않는 것이 기준이 되어야 한다고 믿었기에, 그 기준을 시간과 공간으로 했던 것이다. 시간과 공간은 절대 불변이라는 것에 그 누구도 의심하지 않았기에 모든 사람들이 그 기준을 당연하다고 받아들이는 데 있어 아무런 문제가 없었다. 하지만 절대시했던 그 시간과 공간마저 절대적이지 않다는 사실을 아인슈타인이 증명했다.

시간과 공간도 절대적이지 않은데 우리는 왜 자기 자신이 생각하는 것이 항상 옳다고 하는 것일까? 우리 자신이 말과 행동을 할 때 본인은 상당히 객관적이라고 생각하고 있지만, 그것이 상당히 주관적이라는 사실을 알고는 있는 것일까?

자신은 객관적이 되기 위해 엄청난 노력을 하고 있다고 한다 해도 그 사실조차 주관적이라는 것을 인식할 필요가 있다. 세계는 있는 그대로, 존재 그 자체로 받아들이는 것이 아마 가장 객관적인 것이 아닐까 싶다.

<반시대적 고찰>

1. 나라는 존재의 진정한 본질

　나의 과거의 모습과 현재의 나의 모습이 진정으로 바라는 나일까? 나라는 한 인간은 고정불변의 변하지 않는 나일까? 그건 아닐 것이다. 우리가 존재하는 이유는 더 나은 모습으로 성장하기 위해서가 아닐까 싶다. 아무것도 없이 이 세상에 나왔고, 아무것도 가지지 않은 채 이 세상을 떠나야 하지만 우리 삶의 과정은 바로 더 나은 나 자신으로 변하고 성장해 가는 됨의 과정이 아닐까 싶다.

　우리는 우리 자신을 계속 새롭게 할 필요가 있다. 우리의 과거를 바탕으로 끊임없이 새로운 나를 창조해 나갈 필요가 있다. 나의 부끄러운 과거에 연연해하지 말고 자랑도 하지 말고, 현재의 나의 모습에 만족하지 말고 더 훌륭한 모습으로 성장해 나가야 하는 것이 내가 존재하는 진정한 본질이라는 생각이 든다.

니체는 말하고 있다. "그렇지만 어떻게 우리는 자신을 다시 발견할 수 있는가? 어떻게 인간이 자기 자신을 알 수 있는가? 젊은 영혼은 다음과 같은 물음을 던지면서 삶을 되돌아보아야 한다. 지금까지 너는 무엇을 진정으로 사랑했는가? 무엇이 너의 영혼을 높이 끌어올렸는가? 무엇이 너의 영혼을 지배했으며 또한 축복했는가? 그리고 그것들을 네 앞에 세워놓아라. 그러면 그것들은 너에게 너의 진정한 자아의 근본 법칙을 보여줄 것이다. 왜냐하면 너의 진정한 본질은 네 안에 깊이 묻혀 있는 것이 아니라 네 위로 측량할 수 없이 높은 곳에 있기 때문이다. (반시대적 고찰)"

나라는 자아는 고정된 것이 아니다. 내가 할 수 있는 것이 무엇인지 현재 나의 능력으로 이를 수 있는 곳이 어디인지 아직은 잘 모른다. 하지만 현재 나의 모습에 안주하고 있다면 더 나은 나로 성장해 나간다는 것은 불가능하다. 따라서 나의 관심은 더 성장될 수 있는 앞으로의 나의 모습에 두어야 한다.

내가 진정으로 지향해야 하는 것은 무엇일까? 그것은 각자마다 다를 것이다. 하지만 중요한 것은 그 지향하는 바를 정확히 인식할 필요가 있다. 거기에 나의 살아있음이 있기 때문이다. 단순한 꿈이 아닌, 단순한 희망이 아닌 나의 존재에 의미 부여할 수 있는 그러한 것 말이다.

내가 존재하는 진정한 이유는 새로운 모습으로, 더 나은 모습으로 발전되어 가는 것에 있을 뿐이다.

2. 나를 위해

어느 날 문득 나 자신을 사랑하지 못했던 나를 보고 왜 그랬을까 하는 생각이 들었다. 다른 사람이 생각하는 기준이나 사회에 말하는 이야기에 나의 생각이 우선되지 않았던 것 같다. 일반적인 기준에 맞추어 살아가다 보니 나는 내 자신을 잃었다. 진정한 나를 위한 삶이 아니었던 것 같다.

"대중에 속하기를 원치 않는 사람은 오로지 자기 자신의 나태함을 없애기만 하면 된다. 그리고 '너 자신이 되어라! 지금 네가 하고 있는 것, 생각하는 것, 원하는 것은 모두 너 자신이 아니다!'라고 외치는 자신의 양심을 따르기만 하면 된다. (반시대적 고찰)"

내가 된다는 것, 나를 찾는다는 것, 나의 기준을 확실하게 세워야 한다는 것, 나를 위해 살아야 한다는 것, 전에는 그러지 못해 그렇게 힘들게 살아왔다는 것을 어렴풋이나마 이제는 이해할 것 같다.

어제보다는 오늘이 오늘보다는 내일 더 나은 모습으로 발전하려 노력하고 싶다. 나의 부끄러운 모습도 많고, 나의 잘못된 것도 많다는 것을 잘 알기에 그것을 하나씩이라도 고쳐 나가다 보면 가능하지 않을까 싶다.

"고결한 인간은 언제나 사실들의 맹목적인 힘과 현실의 폭정에 맞서며, 저 역사적 흐름의 법칙이 아닌 법칙들에 자신을 복종시킨다. 그는 자기 실존의 가장 비근하고 어리석은 현실인 자신의 정념과 싸움으로써 또는 정직을 자신의 임무로 삼음으로써, 언제나 조류를 거슬러 헤엄친다. (반시대적 고찰)"

스스로 삶의 의미를 찾아가는 내가 되고자 한다. 다른 사람을 너무 생각하지 않고 내가 옳다고 생각하는 길을 가려 한다. 주위 사람들의 기준에 부합하기 위해 거기에 따라 살아가는 삶을 더 이상은 하지 않을 생각이다. 다른 사람의 영향을 받지 않고 외부의 환경에 의해 좌우되지 않는 올곧은 나의 모습이기를 바랄 뿐이다.

삶은 오직 한 번밖에 주어지지 않음을 너무나 잘 인식하고 있다. 나의 모든 것은 오로지 나의 책임일 뿐이다. 그 누구 탓도 사회나 환경 탓도 아니다. 나의 삶은 오로지 나로 인해 결정될 뿐이다. 어떤 일이 나에게 주어지더라도 스스로 만족하며 나 자신을 진정으로 사랑하는 길로 가고자 한다. 소중한 나이기에 이제는 소중하게 나를 대하려 한다.

3. 건전한 사회와 병든 사회

　에리히 프롬은 "누구도 남의 목적을 위한 수단이 될 수 없으며 예외 없이 항상 자기 자신이 목적이 되는 사회"를 건전한 사회라 보았다. 그가 말하는 건전한 사회는 "인간이 자신의 생활의 주인임과 동시에 사회생활에 능동적이며 책임감을 가지고 참여자가 되도록 허용하는 사회, 사회 구성원이 서로 사랑하도록 허용할 뿐 아니라 사랑하도록 조장하는 사회"를 말한다. 즉, 한마디로 프롬의 건전한 사회는 인간주의적 공동체이다.

　인간주의적 공동체란 인간이 가장 중요시되는 사회를 뜻한다. 존재로서의 인간이 우선시 되며 그 외 다른 것은 차선이 되어야 건전한 사회라 할 수 있다.

　인간이 가장 중요시되는 이유는 무엇일까? 존재로서의 인간은 보다 나은 가치와 삶을 위해 노력하기 때문이다. 인간이 존중을 받아야 하는 이유는 그만한 존재로서의 의무와 책임을 다하며 더 나은 자신과 자신이 속해 있는 사회를 위해 노력하는 과정에 있을 것이다.

이러한 모습을 보이지 않고 인간으로서의 존중을 받지 못할 행동을 하거나 자신을 위해 다른 사람을 이용하고 수단화하는 사람은 건전한 사회의 일원으로서의 자격이 없다. 그러한 사람이 많을수록 그 사회는 건전한 사회가 되기에는 너무나 어려움이 많을 것이다. 건전한 사회는 그 구성원 또한 건전한 개인이어야 가능하다. 건전한 개인이 없이는 어떤 제도나 규범이 존재하더라도 건전한 사회가 되기에는 불가능에 가깝다. 건전한 사회를 위해서는 우선 건전한 개인으로서의 성장이 필수적이다.

건전한 개인이 아닌 병든 구성원들이 많을 경우 그러한 사회는 건전한 사회로서보다는 병든 사회로 될 가능성이 더 많다.

니체는 병든 사회를 다음과 같이 말하고 있다.

"전례가 없는 미숙한 판단, 도처에서 볼 수 있는 즐거움에 대한 중독, 오락 만능주의, 예술에 종사하는 자들이 예술의 진지성을 빙자하면서 보여주는 지식인인 체하는 위선과 거짓 꾸밈과 기만, 돈에 대한 기업가들의 거리낌 없는 탐욕, 사회에 만연된 공허함과 무사려함, 이 모든 것들이 현재 우리의 예술적 상황을 지배하고 있는 무감각하고 타락한 분위기를 조성하고 있다. (반시대적 고찰)"

니체는 병든 개인으로 인해 그 사회 자체가 병들어 가고 있다고 말한다. 병든 개인이란 인간 그 자체에 대한 존중보다는 다른 것을 더 우선시하는 사람을 말한다. 돈을 위하여 인간을 수단시하고 속이며 위선과 거짓으로 인간을 사용하여 돈을 더 많이 축적하기 위해 삶을 살아가는 사람은 병든 개인이 아닐 수 없다. 자신의 재산과 권력을 위하여 다른 사람을 생각하지 않는 사람, 다른 사람을 속이거나 수단화하여 자신의 목표를 달성하고자 하는 사람, 다른 사람의 형편을 전혀 생각하거나 배려하지 않고 돈과 자신이 생각하는 목표를 위해 모든 수단을 동원하는 사람, 이러한 사람들이 바로 병든 인간이다.

그러한 병든 인간이 많은 사회일수록 건전한 사회로 될 가능성은 거의 없다. 위선과 탐욕과 기만으로 가득한 사람들이 많은 사회일수록 그 사회는 점점 병들어 가고 있는 것이다. 병든 사회가 될수록 그 사회의 모든 구성원은 그에 해당하는 대가를 치러야 할 수밖에 없다.

건전한 개인이 건전한 사회를 만들어 간다. 건전한 사회에서 인간은 존중받고 존재로서의 가치를 누릴 수 있다. 권력과 재물과 탐욕을 쫓는 사람이 많은 사회일수록 그 사회는 병들어 갈 수밖에 없다.

우리는 지금 어디에 서 있는 것일까. 우리 사회는 어느 정도의 건전한 사회일까. 나는 건전한 개인일까, 병든 개인일까. 건전한 사회를 위하여 우리는 조그마한 노력이라도 하고 있는 것일까.

인생은 어차피 죽음으로 끝나기 마련이다. 무엇을 위하여 우리는 현재의 노력을 하고 있는 것일까. 그 노력이 진정한 가치가 있는 것인지 항상 되돌아볼 필요가 있어야 하지 않을까 싶다.

4. 자신을 위하여

일반적으로 사람들은 그들이 속한 사회가 제시하는 가치관에 따라 살아가는 경우가 흔하다. 문제는 그 가치관이 진정으로 그 사회에 일원인 개인 모두에게 적합하고 의미가 있는지 판단하기보다는 암묵적으로 따라가는 것에 있다.

진정으로 자신을 위하는 것은 어떤 것일까? 우리는 사회가 제시하는 도덕이나 기준에 맞추어 따라가다 보면 오히려 우리 스스로가 병들게 될지도 모른다. 그 기준을 맞추어 산다는 것이 그리 쉬운 일도 아니며 그럴 만한 가치가 꼭 있는 것도 아님에도 불구하고 아무런 생각 없이 다른 사람이 하는 것을 따라 하다 보니 결국 자신을 잃어버린 삶을 살아가게 될 가능성이 크기 때문이다.

"고결한 인간은 언제나 사실들의 맹목적인 힘과 현실의 폭정에 맞서며, 저 역사적 흐름의 법칙이 아닌 법칙들에 자신을 복종시킨다. 그는 자기 실존의 가장 비근하고 어리석은 현실인 자신의 정념과 싸움으로써 또는 정직을 자신의 의무로 삼음으로써 언제나 역사라는 조류를 거슬러 헤엄친다. (반시대적 고찰)"

다른 사람이 하고자 하는 바를 나는 아무런 생각 없이 무작정 따라 하고 있는 것은 아닐까? 그것이 나의 삶에 어떠한 의미가 있는 것인지 깊이 생각해 본 적이 있었던가? 진정으로 내가 가야 할 길은 다른 사람이 가고자 하는 길과 똑같은 길이어야만 하는 것일까?

나만의 길은 고독한 길일 수밖에 없다. 많은 사람이 가려는 길이 아닐 수 있다. 물론 다른 사람이 가는 길과 같은 길일 수도 있다. 문제는 진정으로 나 자신을 위한 삶은 어떠한 것인지 깊이 있는 사색을 해 보았는지에 대한 의문이다.

결코 다른 이들이 가는 길이 나의 길이 될 필요는 없다. 많은 사람들이 좋아하고 바라는 것이 의미가 있고 가치가 있는지는 따져보고 고민해야만 한다. 많은 이들이 가고자 하는 길을 가다가 나 스스로를 망칠 수도 있다는 가능성을 염두에 두어야 한다.

나를 잃어버린 채 세상에 맞추어 살아가다 보면 어느덧 남아 있는 시간이 얼마 되지 않을 수 있다. 다른 이들과 같은 삶을 추구하는 비본래적 실존은 나의 실존과 아무런 상관이 없다. 진정으로 나를 위한 것이 어떤 것인지 수시로 생각하고 돌아보며 의미 없는 순간이 존재하지 않도록 노력해야 할 필요가 있다.

시간은 너무 빨리 흐른다. 올해 나는 진정으로 나를 위해 어떻게 시간을 보내왔던 것일까? 지나간 시간은 돌아오지 않는다. 영원히 작별하는 것 외에는 다른 길이 없다.

5. 나를 발견하기 위해

나는 나에 대해서 얼마나 알고 있는 것일까? 혹시 나 자신은 나를 잘 알지도 못하면서 살아가고 있는 것은 아닐까? 진정한 나의 모습을 알기 위해 나는 어떤 것을 해야 하는 것일까?

일상적인 자아, 관성적인 나 자신은 진정한 나와의 관계에서 어떤 의미가 있는 것일까? 의미 있는 순간의 지속적인 삶을 위해서는 어쩌면 진정한 나 자신을 발견하는 것이 첫걸음일지도 모른다.

"그러나 어떻게 해야 우리는 자기 자신을 만날 수 있을까. 어떻게 하면 자기 자신을 알 수 있을까. 인간은 덮여서 감춰진 하나의 어두운 존재이다. 그리고 토끼에게 일곱 겹의 가죽이 있다면, 인간은 7의 70곱의 벗기더라도 '이것이야말로 진짜 너다. 이것은 이젠 가죽이 아니다'라고 말하지는 못할 것이다. 여기에 다음과 같은 방법이 있다. 그것은 젊은 영혼이 '지금까지 네가 정말 사랑해 온 것은 무엇이었는가, 너의 영혼을 점령하고 동시에 그것을 행복하게 해 준 것은 무엇이었는가'하고 물으면서 과거를 되돌아보는 일이다. 존경을 바쳤던 대상을 당신 앞에 늘어놓아 보는 것이다. 그러면 아마 그런 것들을 그 본질과 그 연계에 의해서 하나의 법칙을, 당신의 본래적 자기의 원칙을 제시해 줄 것이다. 왜냐하면 당신의 진정한 본질은 내면 깊이 당신 속에 감추어져 있는 것이 아니라, 당신을 초월한 아득히 높은 곳에 혹은 적어도 보통 당신이 당신의 '자아'로 보고 있는 것 위에 있기 때문이다. (니체, 반시대적 고찰)"

진정한 나 자신을 찾는 것은 그리 쉽지 않은 것만은 분명하다. 하지만 더 시간이 가기 전에 다른 것보다 먼저 해야 하는 일이 그것이 아닐까 싶다. 나 자신은 고정되어 있지 않고 변할 수 있기에, 그 변하는 나 자신마저도 스스로 인식할 필요가 있다. 그 변화의 방향을 바꿀 수 있기 위해서라도 진정한 나 자신을 알기 위해 부단없이 노력해야 하는 것이 중요하다는 생각이 든다.

배가 항구를 떠나고 있다. 그 배가 어디로 갈지, 항해 도중 어디에 있는 것인지 모른다면, 그 항해는 단지 시간 낭비를 하는 것밖에 되지 않을 것이다. 하루하루 살아가고 있지만, 나 자신을 모른 채 살아가고 있다면, 그 많은 시간들이 그리 커다란 의미 없이 지나가고 있는 것과 마찬가지일 것이다.

내가 진정으로 사랑하는 것은 무엇일까? 내가 무엇보다도 먼저 하고 싶은 것은 무엇일까? 나는 무엇을 하면서 행복을 느낄 수 있는 것일까? 나는 무엇을 함으로써 살아있음을 느낄 수 있는 것일까? 이러한 질문이 진정한 나를 발견할 수 있는 길일 수도 있다. 중요한 것은 그것이 어떤 방법이든 상관없이

나 자신을 발견하여 진정한 나의 삶을 살아가는 것이 나에게 주어진 시간을 부끄럽지 않게 사용하고 있는 것이 아닐까 싶다.

나를 발견하지도 못한 채 그저 일상적인 나로만 살아가고 있다는 것은 어쩌면 가장 슬픈 현실일 수도 있다. 그 슬픈 현실이 더 이상 계속되지 않게 하는 것은 오로지 나에게 달려 있는 것이 아닐까 싶다.

<아침놀>

1. 격렬한 감정

격렬한 애정은 좋은 것이 아니다. 일순간일 수밖에 없기 때문이다. 사람의 감정이란 무궁무진한 변화의 연속이다. 격렬한 애정은 후에 치열한 증오로 변할 수도 있다.

격렬한 증오 역시 좋은 것이 아니다. 자신의 승리를 위해 다른 이를 극도로 싫어하는 것 또한 자기 내면의 파괴를 가져올 뿐이다. 승리는 순간일 뿐 자신의 파괴는 돌이킬 수 없다. 영원한 승리 또한 존재하지 않는다. 격렬한 증오가 격렬한 애정에서 올 수도 있다. 그 감정의 근원이 비슷하기 때문이다.

"우리가 자신이 격렬한 증오에 빠져 있다는 사실을 깨닫게 되면 얼굴이 부끄러움으로 빨개지지 않을까? 그러나 우리는 격렬한 애정의 경우에도 그것이 포함하고 있는 부당함 때문에 얼굴이 빨개져야 할 것이다. 아니 더 나아가 어떤 사람들은 어떤 사람이 다른 사람들에 대한 얼마간의 애착을 철회하는 식으로만 그들에게 애착을 보여줄 경우에 가슴이 답답하게 조여드는 것처럼 느낀다. 즉, 우리는 우리가 선택되고 우대되고 있다는 소리를 들을 경우 그렇게 가슴이 답답해지는 느낌을 갖게 되는 것이다. 아, 나는 이러한 선택에 대해서 감사의 염을 갖고 있지 않다. 나는 나를 그렇게 특별 취급하려는 사람에 대해서 내 마음속에 불만이 있다는 사실을 깨닫는다. (아침놀)"

다른 사람이 나를 격렬하게 좋아하는 것 또한 좋은 것이 아니다. 그 감정은 서로 간의 건강한 관계에 치명적이 될 수도 있다. 절제와 균형의 감정을 잃었기 때문이다. 격렬하게 나를 증오하는 것은 말할 것도 없다. 두 사람이 모두 철저히 파괴될 뿐이다. 얻는 것보다 잃은 것이 대부분이다.

인간은 감정의 동물이지만 감정에 좌우되는 경우 이성의 역할이 할 수 있는 것이 없다. 감정의 노예에서 하루속히 벗어나려 노력해야 할 필요가 있다. 그러한 감정에 아예 무감각한 것이 더 나을지도 모른다. 그저 감정을 예쁜 꽃 정도로 생각하면 어떨까 싶다.

특히나 격렬한 감정은 멀리해야 한다. 객관적인 시야를 잃을 수밖에 없기 때문이다. 누구를 너무 많이 좋아하거나 너무 증오하거나 다른 이가 나를 너무 좋아하거나 나를 너무 혐오하는 것은 삶의 무게가 늘어날 뿐이다. 물론 치열한 애증이 더 드라마틱할 수는 있다. 하지만 그 대가는 본인이 감당해야 할 부분이다.

누구에게 많은 것을 기대하거나 바라지 말고 그저 함께 함으로 만족하는 것이 어떨까 싶다.

2. 에픽테토스 : 욕망과 생각의 통제

에픽테토스는 AD 55년에 태어나 135년에 사망한 로마 제정 시대의 스토아 철학자였다. 노예 신분으로 태어났고, 절름발이였다. 노예였기에 그의 어린 시절을 비롯해 그의 삶에 대한 이야기는 많이 전해지지 않고 있다. 그는 당시 스토아 철학자였던 무소니우스 루프스의 강연을 듣고 노예 신분이었음에도 불구하고 훗날 철학자가 되기를 결심한다. 시간이 흘러 그는 비로소 자유인이 되었고 그가 꿈꾸던 철학자가 될 수 있었다.

그는 우리 자신이 할 수 있는 것과 자신이 얻을 수 있는 것에 대한 욕망을 자제하는 것이 진정으로 현명한 삶이라고 주장하였다. 자연적인 현상이나 사회적인 현실은 마음대로 하기에 어렵지만, 나의 개인적 욕망이나 생각은 마음대로 할 수 있기에 우리의 욕망과 생각을 통제하는 것이 중요하다고 말한다. 자신의 능력과 힘을 넘어서는 것은 아예 원하지 않으며 자신의 현재 상태에 만족하는 것이 현명한 것이라고 주장한다. 그는 "그대가 원하는 대로 사건들이 일어나기를 요구하지 말고, 그것들이 있는 그대로 생겨나도록 원해야 한다. 그렇게 하면 그대의 삶이 행복해질 것이다."

그가 말하는 행복은 멀리 있지 않다. 자신을 객관화하는 것이 행복의 첫 단계이다. 자신의 위치를 파악하고 분수를 아는 사람이 진정한 행복을 누릴 수 있는 사람이라고 말한다.

"에픽테토스적 인간은 광신적이지 않다. 그는 우리의 이상주의자들의 과시와 허풍을 혐오한다. 그의 자부심은 아무리 커도 다른 사람들을 방해하려고 하지 않으며, 일정한 부드러운 접근을 허용하며, 다른 사람의 좋은 기분을 망치기를 원하지 않는다. 그렇다. 그는 미소지울 수 있다. 에픽테토스는 노예였다. 그러나 이 이상적인 인간은 전반적인 노예 상태에서도 조용하게 자족하는 인간으로서 무엇보다도 비천한 대중에서 찾아져야만 할 것이다. 그는 외부에 대해서 자신을 지키며 최고의 용기를 유지하는 자다. (아침놀)"

에픽테토스는 정신적 자유를 누리지 못하는 사람을 진정한 노예라 말하고 있다. 그가 말하는 노예란 자기 자신이 스스로에게 부여해서 만든 정신에 얽매이는 자를 말한다. 그는 비록 노예 출신이었지만 그는 진정한 정신적 자유의 삶을 살았다.

매일 규칙적이며 단순한 삶을 살았던 것으로 유명한 임마누엘 칸트는 다음과 같이 말한다.

"에픽테토스의 가르침들은 희망과 절망 사이에 가로놓인 다리와 같은 역할을 내게 해주었다. 나는 언제나 그 다리 한가운데 서 있고자 노력했다. 내가 생의 문제들 사이에서 흔들릴 때마다 나는 다리에서 추락하지 않기 위해 다리 난간을 붙들 듯이 에픽테토스의 책을 읽곤 했다."

에픽테토스는 세네카, 아우렐리우스와 더불어 후기 스토아 철학의 대표적 인물이 되었고, 황제이자 철학자였던 마르쿠스 아우렐리우스의 스승이 바로 에픽테토스였다. 아우렐리우스는 그의 스승인 에픽테토스를 많이 존경했다고 한다. 훗날 에픽테토스의 제자들이 그의 스승의 가르침을 모아 만든 책 "담화록"의 가르침이 아우렐리우스의 "명상록"에 많은 영향을 미쳤다는 것은 다 알려진 사실이다.

에픽테토스의 담화록에는 다음과 같은 말이 있다.

"너의 삶을 하나의 향연인 것처럼 여겨라. 그 향연에서 너는 우아하게 행동해야 한다. 음식을 담은 접시가 네 앞으로 오면 손을 뻗어 자신이 먹을 만큼만 덜어 먹어라. 그 접시가 다음 사람에게로 지나가면 넌 이미 네 접시에 덜어 놓은 것을 맛있게 먹어라. 그리고 만일 그 접시가 아직 네 앞까지 오지 않았다면 참을성 있게 자신의 차례를 기다려라. 이런 마음 자세를 네 가족과 너의 경력과 재산에 대해 갖도록 하라. 욕심을 내고 시기하고 가로챌 필요가 없다. 너의 차례가 오면 너는 정확한 분량만을 갖게 될 것이다."

우리는 얼마나 자신의 생각과 욕망을 통제하면서 살아가고 있는 것일까? 우리는 스스로의 욕망에 사로잡힌 채, 자신의 생각의 굴레에서 벗어나지 못한 채 스스로 노예의 삶을 살아가고 있는 것은 아닐까? 우리는 진정한 정신적 자유를 누리고 있는 것일까?

인도의 숫타니파타에는 다음과 같은 말이 있다.

"홀로 행하고 게으르지 않으며
비난과 칭찬에도 흔들리지 않고
소리에 놀라지 않는 사자처럼
그물에 걸리지 않는 바람처럼
진흙에 더럽혀지지 않는 연꽃처럼
남에게 이끌리지 않고 남을 이끄는 사람
현자들은 그를 성인으로 안다."

3. 모든 것은 변한다

모든 것은 변한다. 이 세상에 변하지 않는 것은 존재하지 않는다. 기준이나 표준도 변한다. 그 기준이나 표준을 세우기 위한 근거 또한 변한다. 우리의 생각이나 가치관도 변한다. 현재 옳다고 생각하는 것이 시간이 지나면 옳지 않은 것이 될 수도 있다.

현재 자신이 확신하는 것도 변한다. 변하지 않을 수가 없다. 그 사람이 그것을 확신한 채로 죽는다면 변하지 않을 수 있지만 살아가다 보면 언젠가는 변한다. 자신이 옳다고 강력히 주장하는 것의 허점이 여기에 존재한다. 옳고 옳지 않음은 순간일 뿐이다.

편견은 말할 것도 없다. 문제는 자신의 생각이 편견이 아니라고 생각하는 것에 있을 뿐이다. 스스로 편견을 가지고 있는 것조차 모르니 달리 방법이 없다.

"내가 바보가 아니라면 내가 다음과 같은 사실을 부정하지 않는다는 것은 자명하다. 비윤리적이라고 불리는 많은 행위들은 피해져야 하고 극복되어야 하며, 윤리적이라고 불리는 많은 행위들은 행해져야 하고 장려되어야 한다. 그러나 전자도 후자도 이제까지와는 다른 근거들로부터 행해져야 한다고 나는 생각한다. 우리는 다르게 배워야만 한다. 아마 상당히 오랜 후가 될지도 모르지만, 마침내 더 많은 것에 도달하기 위해서, 즉 다르게 느끼기 위해서. (아침놀)"

열린 마음을 가지고 있는 이는 얼마나 될까? 자신의 편견과 아집에 사로잡혀 지내는 이들이 훨씬 많은 것은 아닐까? 우리가 따르는 도덕적 규범이나 기준도 일시적 편견일 수 있다.

우리가 생각하는 도덕의 기원은 무엇으로부터 말미암은 것일까? 도덕적이라고 믿는 것을 의심해 본 적이 있었던가? 도덕의 기원은 많은 사람들의 의견에서 비롯된 것은 분명할 것이다. 하지만 객관적으로 볼 때 그러한 것 역시 일부의 지침에 불과할 따름이다. 영원히 옳은 것은 존재할 수 없기에 우리가 생각하는 도덕적 규범 또한 의심해 볼 필요가 있다.

도덕 그 자체가 문제가 아니라 도덕적 편견에 문제가 있다. 우리는 이러한 편견을 언제든지 바꿀 수 있도록 노력해야 한다. 이러한 편견에 사로잡힐 때 우리는 삶 그 자체로부터 자유롭기 힘들다.

4. 자신을 사랑하며

　자신을 사랑하지 못하는 사람이 어떻게 다른 사람을 사랑할 수 있을까? 물론 가능하기는 하겠지만 온전한 사랑은 힘들 수 있다. 다른 사람을 진정으로 사랑하기 위해서는 자신부터 사랑할 필요가 있다. 스스로를 아끼지 못하는 상황에서 어떻게 다른 사람을 생각하고 배려할 수 있을지는 의문이 아닐 수 없다.

　자신을 사랑하지 못하는 사람은 자기혐오나 자기 분노에 이를 수 있다. 그러한 혐오와 분노는 분명 다른 사람에 대한 증오로 이어질 수 있다. 자존감이 부족하거나 열등감에 빠져 있는 사람 또한 그럴 수 있다. 나 자신을 가치 없는 존재로 인식한다면 다른 사람에 대한 가치도 쉽게 인정하기 힘들다. 자기 존중이 타인의 존중으로 이어지는 것은 너무나 당연한 이치이다.

　"파스칼과 그리스도교가 말하는 것처럼 우리의 자아가 항상 증오할 만한 것이라면, 신이든 인간이든 다른 자들이 우리의 자아를 사랑한다는 것을 우리는 허락하거나 받아들일 수조차도 없을 것이다. 자신이 다른 혐오스러운 감정은 물론이고 오직 증오만을 받을 만하다는 사실을 잘 알면서도 사랑을 받는 것은 전혀 격에 맞지 않는 일일 것이다. 그렇다면 그대들에게 그대들의 이웃 사랑은 은총인가? 그대들의 동정은 은총인가? 그대들에게 정녕 그것이 가능하다면 또한 걸음 전진하라. 그대들 자신을 은총으로부터 사랑하라. 그러면 그대들은 그대들의 신을 전혀 필요로 하지 않게 된다. 그리고 타락과 구원이라는 드라마 전체는 그대들 자신 안에서는 끝나게 된다. (아침놀)"

자신을 사랑하지 못하는 이유는 무엇일까? 여러 가지 이유가 있겠지만 그중의 하나는 아마도 스스로에 대해 행복을 느끼지 못하는 것일 수 있다. 내가 행복하지 못한 데 다른 사람의 행복을 위해 무언가를 하기는 힘들다.

또한 나 자신에 대한 행복은 스스로의 마음가짐에서 비롯된다. 나의 마음이 나에 대해 긍정적이라면 스스로 행복을 느끼는 데 그리 큰 문제가 되지는 않는다. 따라서 나 자신이 행복을 느낄 수 있는 방법과 연습이 필요하다.

나 자신이나 주위의 모든 것에 스스로 만족하며, 주어진 것을 긍정하고 많은 것을 받아들일 수 있다면 스스로 행복을 느끼는 데 있어서 그리 큰 어려움은 없을 것이다.

자신을 사랑하는 것은 오직 나에게 달려 있을 뿐이다. 다른 존재로 인해 나를 사랑하는 데 있어 문제가 되지 않아야 한다. 다른 존재는 그 존재일 뿐 그 이상도 이하도 아니다. 외부의 존재로 인해 나에 대한 사랑에 문제가 생긴다면 나에 대한 사랑에 있어서 굴곡이 있을 수밖에 없다.

　나의 내면에 행복이 있기에 나 자신을 사랑하는 데 있어서 전혀 문제가 될 수 없다. 나 자신을 스스로 존중해야 다른 사람도 존중하게 된다. 내가 힘들고 아프면 다른 사람에 대한 감정도 나빠질 수밖에 없다.

　내가 행복해야 다른 사람도 행복할 수 있고, 나를 사랑해야 다른 사람도 사랑할 수 있다.

5. 허물을 벗어버리고

  이제 봄이 가까이 온 듯한 느낌이다. 낮에는 햇살도 따뜻하고 조금만 더 있으면 예쁜 꽃이 하나씩 필 것이다. 초등학교 다닐 때 봄 소풍 갔던 일을 기억이 난다. 그날 보물찾기를 하려고 산속을 헤매고 다녔는데 갑자기 어떤 아이가 깜짝 놀라 지르는 소리에 다들 몰려가 보니 뱀 허물이 있었다. 그 여자아이는 너무 놀라 막 울고 있었다. 나는 그 아이가 불쌍해서 한참이나 쳐다보다가 뱀 허물이 있는 곳에 가까이 가 보았다. 그 뱀 허물은 사실 내가 보기에도 좀 끔찍하기는 했다. 그것을 바라보다가 갑자기 나도 모르게 뱀은 왜 허물을 벗는 것인지 너무 궁금했다. 울던 여자아이도 잊어버린 채 나는 뱀이 허물을 벗는 이유에 대해 나도 모르게 한참이나 생각에 잠겨 있었다. 그때는 초등학교 2학년 정도였으니 생각해도 알 리는 없었다. 소풍이 끝나고 집에 와서 이리저리 찾아보긴 했지만, 우리 집에는 백과사전도 없고 아무런 과학에 관한 책도 없어서 결국 그 답을 찾지는 못했다. 다음날 학교 도서관에 가서 사서 선생님께 말씀을 드렸더니 뱀에 대한 책을 찾아주셨다. 그 책을 읽어보고서야 뱀은 성장을 하기 위해 허물을 벗어야 한다는 것을 알게 되었다. 어떤 뱀의 경우에는 1년에 10번이 넘도록 허물을 벗기도 한다는 것을 그때 알고 놀랐던 것이 기억에 생생하다. 뱀은 그렇게 자신의 허물을 벗고 성장하고, 다시 허물을 벗고 성장하는 그런 식이었던 것이다.

"허물 벗지 못하는 뱀은 파멸한다. 의견 바꾸는 것을 훼방 놓은 정신들도 마찬가지다. 그것들은 더 이상 정신이 아니다. (아침놀)"

니체는 참으로 비유를 잘했다는 생각이 든다. 그도 아마 뱀이 허물을 벗는 것이 궁금했던 것 같다. 성장을 하기 위한 필수과정이 바로 예전의 허물을 벗어버리는 것이라는 그의 생각에 나도 고개가 끄덕여졌다.

우리가 성장하기 위해서는 어떠한 허물을 벗어버려야 할지 생각해 본다. 아마 가장 먼저 벗어버려야 할 것은 내가 항상 옳다는 독선이 아닐까 싶다. 내가 생각할 때는 바로 이것이 나의 성장을 방해하는 가장 큰 장애물 같다. 내가 항상 옳다고 생각하는 것은 착각이 아닐까? 나의 잘못을 확실하게 인식하는 것이 나의 내적 성장에 있어서 중요한 시작점이 되지 않을까 싶다. 성장이란 현재의 상태에서 더 나은 상태로 발전하는 것이다. 지금의 상태가 발전할 필요가 없다고 인식하는 한 우리는 더 나은 모습으로 발전하기 위한 필요를 느끼지 못할 것이다.

아마 완벽한 인간은 없다. 그러기에 자신이 옳다고 생각하는 것 자체가 오류일 수밖에 없고. 나 자신에게 어떤 점이 잘못인 건지 항상 돌아볼 필요가 있을 것이다. 그 잘못된 허물을 얼른 벗어버려야 지금의 모습에서 성장할 수 있을 것이라는 생각이 든다.

다른 사람의 문제를 비판하고 타인에 대해 판단하는 것 또한 자신의 아집에 비롯된 것일 수밖에 없을 것이다. 타자가 옳을 수도 있다는 열린 마음을 갖고 있지 않기에 그러한 비판이 가능한 것이다. 물론 객관적인 입장에서 타인과 자신의 의견을 나눌 수는 있지만, 상대방을 일방적으로 잘못되었다고 이야기하는 것 자체가 자신의 허물을 쉽게 벗어버리지 못한다는 것을 반증하는 것이 아닐까 싶다.

나는 어떤 허물을 벗어버려야 하는 것일까? 나는 나의 허물을 제대로 알고는 있는 것일까? 그러한 허물을 벗어버리기 위해서 나는 어떻게 해야 하는 것일까? 사실 내가 잘못된 허물을 가지고 있다고 할지라도 그 허물을 벗어버리기가 쉽지는 않다는 것을 너무나 잘 알고 있다. 뱀 같은 경우는 1년에 10번 넘도록 자신의 허물을 그렇게 쉽게 벗어버리는데 나는 왜 그렇지 못하는 걸까? 내가 얼른 나의 잘못된 허물을 벗어야 할 텐데 그렇지 못하는 것 같아 사실 속상하고 아쉽기도 하다. 니체가 이야기하는 것처럼 빨리 의견을 바꿀 수 있어야 하는데. 그런 것을 훼방하고 있는 것은 내 안에 있는 무엇인 걸까?

우리의 잘못을 고치지 않고 계속해서 그것을 고집한다면 아마 나중에는 그것으로 인해 더 좋은 많은 기회를 놓칠 것 같다는 생각이 든다. 파멸이나 몰락까지는 아니어도 나의 삶에 있어서 더 좋은 기회를 얻지 못하게 되는 것은 아마 분명할 것이다.

우리는 얼마나 더 성장할 기회가 남아있는 것일까? 지나온 시간 동안 그리 많이 성장하지 못한 것 같아 너무 아쉽기도 하고, 남아있는 시간 동안 어디까지 성장할 수 있을지 알 수는 없지만, 그래도 꾸준히 나의 허물을 벗어버리기 위해 노력은 계속해야 할 것이다. 언젠가 그러한 허물을 자유자재로 벗어 버릴 수 있는 때가 온다면 진정으로 나 자신으로부터 자유롭게 될 것이다.

6. 고독

삶은 오로지 자신의 책임이다. 그 누구도, 무엇도 탓할 바가 아니다. 따라서 더 나은 삶은 우리 자신에게 달려 있을 뿐이다. 어떻게 해야 나 자신이 계속해서 성장해 나갈 수 있는 것일까?

그것은 다만 홀로 있을 때 가능하다. 나 자신을 객관적으로 바라볼 수 있고, 그로 인해 나는 누구인지 인식하고, 시간의 흐름에 따라 나는 누구여야 하는지, 이를 위해 스스로 노력하는 가운데 보다 나은 나 자신을 창조해 갈 수 있을 것이다.

"오, 그대들 세계 정치가 이루어지는 대도시에 사는 가련한 무리들이여, 그대들 젊고 유능하고 명예욕으로 고통받는 자들이여, 그대들은 모든 사건들에 대해서 그대들의 의견을 말하는 것을 의무로 알고 있다. 그리고 실로 항상 어떤 사건이 일어나고 있다. 그대들은 이런 식으로 먼지와 소음을 만들어내면서 자신들이 역사를 이끌어가는 수레라고 믿고 있다. 그대들은 언제나 귀를 기울이고 언제나 그대들의 의견을 던져 넣을 수 있는 기회를 노리고 있기 때문에 모든 진정한 생산성을 상실해 버린다. 그대들이 위대한 일들을 하려고 아무리 열망해도 그러한 일들을 잉태할 수 있는 깊은 침묵은 그대들에게 결코 찾아오지 않는다. 그대들은 그대들 자신이 사건을 쫓는다고 생각하는 반면에, 사실은 나날의 사건이 그대들을 지푸라기처럼 자신 앞으로 몰아온다. 그대들 가련한 무리들이여! 무대에서 주역을 맡으려고 하면 합창에 끼어들 생각을 해서는 안 된다. 아니 어떻게 합창하는지도 알아서는 안 된다. (아침놀)"

고독은 외롭고 힘든 것인지 모른다. 그 누구도 나의 곁에 존재하지 않으며, 모든 것을 나 자신이 해나가야 하기 때문이다. 하지만 고독 속에 진정한 나의 모습을 발견하여, 더 나은 성숙한 나로 발전해 나갈 수가 있다.

고독의 시간이 존재하지 않는다면, 나는 단지 무리 속에서 평균적으로 무리를 이루어 가는 사람들처럼 살아갈 수밖에 없다. 나 자신을 바라볼 수 있는 기회가 없고, 나의 문제를 발견하기도 힘이 들며, 이러한 문제점들을 고쳐 나가기도 어려움이 있을 수밖에 없다.

나만이 있는 시간 속에서 나를 발견하고, 나의 문제점을 고쳐 나가고, 보다 나은 참나로서 올바로 서기 위해서는 고독의 시간을 가져야만 한다. 고독은 진정한 나로 거듭나기 위한 가장 좋은 삶의 기회가 아닐까 싶다.

7. 감정으로부터의 자유

이성은 감정을 이기기에 벅차다. 감정은 이성보다 본질적으로 인간의 본성에 더 가까운 것인지 모른다. 오래도록 수행을 했거나, 깨달은 사람을 제외하고는 자신의 감정을 이성으로 누르는 사람을 찾아보기는 극히 드물다. 문제는 이러한 감정으로 인해 우리의 삶이 균형을 잃기가 쉽다는 데 있다.

특히 격렬한 감정은 우리의 일상에 커다란 아픔과 상처를 주기에 충분하다. 물론 그러한 격렬한 감정이 사랑이나 애정 같은 것이라면 우리의 삶에 기쁨과 행복을 주기는 하지만, 그 또한 언젠가는 지나가게 마련이고, 이로 인한 상처나 아픔 그리고 허무함은 그 격렬했던 감정에 비례하는 것만큼 클 수 있다.

격렬한 감정이 분노나 증오라면 이는 우리의 삶 자체에 치명적일 수 있다. 그러한 감정을 가지고 있는 경우 그는 그 누군가를 극도로 싫어하게 되어 인생에 있어 사랑뿐만 아니라 사람을 영원히 잃어버릴 수도 있다.

"그대는 그대의 정열을 떠나려고 하는가? 그러나 그것에 대한 증오를 품지 말고 그렇게 하라! 그렇지 않으면 그대는 제2의 정열을 갖게 되는 것이다. (아침놀)"

감정의 노예가 될 때 우리의 삶은 순탄할 수가 없다. 그러한 감정의 결과로 인해 다른 사람에게도 상처를 주게 되고, 자신 또한 스스로 상처를 받게 된다. 감정적인 상대를 만나도 또한 그렇다. 감정은 우리에게 좋은 것이기도 하지만, 이로 인해 우리의 삶에 아픔으로 남기도 한다.

감정으로부터 우리가 자유롭다면 좋은 감정을 느낄 수 있으면서도, 우리에게 아픔과 상처를 주는 것에서 벗어날 수도 있다. 분노와 증오라는 감정으로부터도 탈피할 수 있을 것이다.

나의 감정의 흐름을 제3자의 입장에서 알아차릴 수 있다면, 객관적인 입장에서 바라볼 수 있다면, 나의 감정으로부터 어느 정도는 자유로울 수 있다. 또한 나의 바라는 것이나 원하는 것, 즉 나의 욕심으로부터 자유롭다면 감정에 따라 나의 삶이 그리 많이 좌우되지는 않을 수 있다.

감정으로부터 자유로운 삶이 그리 쉽지는 않지만, 그렇게 일상을 이어갈 수 있다는 신념으로 노력한다면 이 또한 불가능한 것은 아닐지도 모른다. 감정에서 자유로운 삶이 나의 마음과 영혼에 커다란 위로를 줄지도 모르기에 이는 충분히 노력할 만한 가치가 있는 것이 아닐까?

8. 부속품

  독립적인 개체로서의 인간은 사회나 제도의 부속품으로
전락한 것은 아닐까? 혹은 인간 스스로 차라리 부속품이 되
는 것이 이 커다란 사회 속에서 오히려 마음 편하게 살아갈
수 있다고 생각하는 것은 아닐까?

  "인격이 아니라 나사가 되는 대가로 하나의 값을 갖게 되
다니! 그대들은 무엇보다 가능하면 많은 것을 생산하고 가
능하면 부유해지려는 국민들이 현재 범하고 있는 어리석음
의 공모자들인가? 오히려 그대들이 해야만 하는 것은 얼마
나 많은 내면적인 가치가 그러한 외면적인 목표를 위해서
포기되는지에 대한 대차대조표를 그들에게 제시하는 일일
것이다. 지금부터 유럽의 노동자들은 하나의 계급으로서의
자신들의 상태를 인간들이 참을 수 없는 것으로서 천명해야
만 하며 그리고 보통 주장되는 것처럼 단지 가혹하고 불합
리하게 조직된 것이라고 천명해서는 안 된다. (아침놀)"

  우리는 수동적이거나 피동적인 삶에 점점 더 익숙해져 가
고 있는지도 모른다. 그저 먹고 마시고 어느 정도의 생활을

할 수 있다면 그 외 다른 것에는 그다지 관심도 없이 살아가는 경향도 있다.

지금 있는 상태에서 더 나은 상태로 발전하기를 원하는 사람은 얼마나 되는 것일까? 보다 나은 자아가 되기 위해 노력하고 있는 사람은 얼마나 될까? 보다 훌륭한 사회가 되기를 희망하며 그렇게 될 수 있도록 애를 쓰는 사람들은 얼마나 되는 것일까? 지금의 제도에서 보다 나은 제도를 만들어 가기 위해 마음 쓰며 살아가고 있는 사람은 얼마나 될까?

부속품으로서의 존재가 아닌 보다 나은 전체를 위한 존재로서 나 자신을 돌아보고 내가 속한 사회와 제도를 생각하며 살아가는 것이 보다 나은 미래를 위한 현재를 살아가는 우리의 삶이 되어야 하는 것이 아닐까?

9. 절제

삼가는 것은 삼가지 않는 것보다 힘들고 어려운 일이다. 삼가기 위해서는 의식과 노력이 필요하기 때문이다. 삼가는 것은 욕심에서 자유로운 것이다. 욕심이 인간의 본능이기에 자신의 욕심을 내려놓고 물러서는 것이 결코 쉽지 않다. 자신을 나타내고자 함이 인간의 본능에 가깝다. 자신을 주장하지 않고 내세우지도 않으면서 고요히 지켜보는 것은 많은 노력이 필요하다. 하지만 삶의 아름다움은 이러한 것에서 나오는 것이 아닐까 싶다.

"자신들의 황홀한 마음마저도 단단히 붙잡아 억제하면서 절도라는 순결을 잃는 것보다는 차라리 침묵을 택하는 저 사람들을 아직 본 적이 없는가? 그리고 인정받으려 하지 않고 모래에 찍힌 자신들의 발자국을 거듭해서 지우고, 숨어 지내기 위해서 다른 사람들과 자기 자신에 대해서 기만하는 자로 존재하는 저 불편하지만, 흔히 너무나 좋은 본성을 가진 사람들을. (아침놀)"

일을 완벽하게 하려는 데서 자유로워야 한다. 과하지 않게 일하는 것이 오히려 더욱 삶의 자유를 보장할 수 있다. 말을 다 하지 말아야 한다. 하고 싶은 말이 있어도 끝까지 하지 말아야 한다. 하고자 하는 말을 다 하지 않는 것은 내면의 깊이가 있어야만 가능하다. 원하는 것을 다 하지 말아야 한다. 원함에는 끝이 없기에 그 굴레에서 벗어나기가 쉽지 않기 때문이다.

해야 할 일이 있으면 바로 하고, 해서는 안 되는 것들은 용기 있게 끊어야 한다. 과감함에 동반되는 용기가 절제의 바탕이 될 수밖에 없는 이유이다.

넘치느니 모자라는 것이 낫다. 줄이 팽팽해지면 끊어질 수밖에 없으니 그 이상은 아무런 의미가 없기 때문이다. 모자람에 만족할 수 있다면 넘침의 과욕을 피할 수 있다.

미련을 버리고 조그마한 것이 신경을 쓰지 않음이 일상화되어야 한다. 절제는 조그마한 것에 마음을 두지 않고, 더 커다란 것을 바라보는 마음에서 비롯될 수 있다.

삶의 아름다움은 어느 곳에 치우치지 않는 비례와 균형에서 오는 것이라 생각된다.

10. 우아함

　우리 주위에는 우아한 사람을 찾아보기가 그리 쉽지 않다. 우아한 인간이란 어떤 사람일까? 우아한 인간이란 내적으로 평온하고 자신에 대한 긍지를 가지고 있으며 여러 가지 문제를 적절하게 조절하는 사람이 아닐까 싶다.

　그는 자신에 대한 긍지를 가지고 있기에 주위의 어떠한 평가나 비판에도 흔들리지 않는다. 또한 자신을 나타내기 위하여 애써 자신을 포장하거나 드러내려 하지 않는다. 내적으로 평온하기에 어떠한 일이 그에게 일어날지라도 자신을 잃지 않고 스스로를 지배할 수 있다.

　"강한 성격의 소유자가 잔인한 성향을 갖지 않고 언제나 자신에 사로잡혀 있지 않다면, 그는 자신도 모르게 우아함을 추구한다. 이것이 그의 표지다. 이에 대해 약한 성격의 소유자들은 가혹한 판단을 좋아한다. 그들은 인간을 경멸하는 영웅들과 존재를 종교적으로 혹은 철학적으로 비방하는 사람들과 사귀게 되거나 엄격한 윤리와 고통스러운 소명의 배후에 틀어박힌다. 이를 통해서 그들은 하나의 성격과 일종의 강함을 창조하려고 노력한다. 그리고 그들은 이것도 똑같이 자신도 모르게 행하는 것이다. (아침놀)"

우아한 인간이란 자신의 충동을 지배할 수 있는 능력이 있기에 모든 일에 있어 유연하고 여유가 있다. 어떠한 상황에서도 자신의 마음을 열고 많은 것들을 받아들인다. 이로 인해 스스로 성장해 갈 수 있는 능력이 있는 사람이다.

그는 굳이 어떠한 의무나 이상 그리고 목표를 절대시하지 않는다. 삶이 어떤 한 가지에 의해 결정되는 것이 아니라는 사실을 너무나 잘 알기 때문이다. 이루고자 하는 바가 있으나 이루지 못해도 그것으로 만족하며 받아들인다.

그는 주위에 있는 타인에 의해 영향을 받지 않는다. 타인을 존중하나 얽매이지 않기에 어떠한 사람이 그의 주위에 있더라도 자신의 길을 가는 데 있어 평안하게 갈 수 있다. 우아한 인간은 바로 자신을 알고 자신의 뜻에 따라 살아가는 인간이다.

11. 기품있는 인간

　어떠한 어려운 상황에서도 다른 것들을 의지하지 않고 자신의 힘으로 우뚝 서서 스스로 모든 것을 해결하려고 노력하는 모습은 멋있을 수밖에 없다.

　자신을 믿지 않고 자기에게 닥친 문제를 스스로 해결하려고 노력하지 않은 채 외부의 힘을 의지하는 것을 보면 안타까운 마음이 든다.

　"다른 사람에게 자신의 사상을 강요하는 것은 나에게 얼마나 혐오스러운 것인지! 다른 사람의 사상이 나의 사상을 압도할 경우의 기분과 은밀한 변화를 나는 얼마나 기뻐하는지! 그러나 가끔 더 고차원적인 축제가 있다. 이때는 내가 고해 신부처럼 나의 정신적인 집과 재산을 선사할 수 있을 때다. 이 고해 신부는 구석에 앉아서 다음과 같은 것을 열망한다. 즉, 궁핍한 자가 찾아와 고해 신부가 그의 손과 마음을 충만하게 해주고 불안한 혼을 달래주기를 바라면서 자신의 사상의 곤궁에 대해서 이야기하는 것을. 그는 그것으로 어떠한 명성도 얻기를 바라지 않을 뿐 아니라 감사조차도 받기를 원하지 않는다. 왜냐하면 감사는 성가신 것이고 고독과 침묵에 대한 경외를 결여하고 있기 때문이다. (아침놀)"

살아가다 보면 많은 일이 우리에게 다가오기 마련이다. 그러한 일 중에는 정말 고통스럽고 어려운 일들도 있다. 하지만 어떤 모습의 문제라도 자신의 노력으로 극복해 나가는 사람이 기품있는 인간이 아닐까 싶다.

나의 삶을 대신 살아주는 이는 존재하지 않는다. 나의 모든 문제는 나 자신이 스스로 해결해야 한다. 다른 외부의 힘에 의지하는 것만큼 비굴한 것은 없다. 그러기 위해서는 나 자신의 힘을 스스로 길러야 한다. 기품있는 인간이 되기 위해서는 강해져야만 한다.

다른 이들을 기대하고 그것들에 연연하는 것은 나 자신을 그들에게 예속시키는 것밖에는 되지 않는다. 나는 기품있는 인간인 것일까? 다른 것들에게 의지하거나 다른 이들을 탓하고만 있지는 않은가? 스스로 모든 것을 해결해 나가려는 멋있는 모습으로 살아가고 있는가?

12. 오만

    아주 비참한 상황에서도 꽃피울 수 있는 것은 긍지가 있기 때문이다. 나 자신에게 긍지를 가지고 있는 자는 어떠한 상황에서도 결코 기죽지 않으며 비굴해지지 않는다.

    "오만이란 겉치레의 가장된 긍지다. 그러나 긍지에게 참으로 특유한 점은 그것이 어떠한 겉치레도 아니고 어떠한 위장도 아니며 위선도 아니며 그런 것들일 수도 없다는 것이다. 따라서 오만은 위선의 재능이 없는 위선이고 매우 어려운 것이며 대부분의 경우 실패하는 것이다. 그러나 보통 일어나는 것처럼 그 경우 오만한 인간의 위장이 드러나면, 3중의 불쾌한 일이 그에게 일어나게 된다. 그가 우리를 기만하려고 했기 때문에 우리는 그에게 화를 낸다. 그가 우리에 대한 자신의 우월함을 보여주려고 했기 때문에 우리는 그에게 화를 낸다. 그리고 마지막을 그 두 가지가 다 실패했기 때문에 사람들은 그를 비웃게 된다. 따라서 불손해서는 절대로 안 된다. (아침놀)"

    비참한 상황이 왔을 때 오만을 떨거나 위엄을 보이려 하는 것은 자신에 대한 긍지가 부족하기 때문이다. 긍지가 없는 자는 자신과 타인을 기만하고 겉치레에만 관심이 있을 뿐이다.

오만한 자는 자신이 알고 있는 것이 전부라고 생각한다. 다른 사람의 생각이나 형편을 고려하지 않는다. 열린 가능성을 전혀 생각할 줄 모른다.

오만한 자는 자신의 지식과 프레임에 갇혀 더 넓은 세상을 볼 수 있는 능력이 없다. 자신의 판단이 정답이라고 생각할 뿐, 다른 개연성이나 상황을 생각하지 못한다.

그의 오만이 어쩌면 스스로를 몰락의 길로 걷게 할 수도 있음에도 불구하고 그러한 것을 전혀 알지 못한다. 오만한 사람의 길은 더 이상 발전할 수 있는 길이 아니다.

13. 편견

　내가 알고 있는 세상이 전부가 아닐 것임은 너무나 당연하다. 그럼에도 불구하고 그것이 전부라는 착각 속에서 그것을 굳게 믿고 살아가는 이유는 무엇 때문일까?

　왜 나는 나의 생각에 굳게 못 박힌 채 다른 가능성을 생각하지 못하며 나만의 세계에 갇혀 살아가고 있는 것일까? 내가 옳다고 생각하는 것을 따라 그 모든 것을 희생하며 나아가는 것은 어쩌면 정말 잘못된 방향으로 무작정 걸어가는 것밖에는 되지 않는다.

　"내가 바보가 아니라면 내가 다음과 같은 사실을 부정하지 않는다는 것은 자명하다. 비윤리적이라고 불리는 많은 행위들은 피해져야 하고 극복되어야 하며, 윤리적이라고 불리는 많은 행위들은 행해져야 하고 장려되어야 한다. 그러나 전자도 후자도 이제까지와는 다른 근거들로부터 행해져야 한다고 나는 생각한다. 우리는 다르게 배워야만 한다. 아마 상당히 오랜 후가 될지도 모르지만, 마침내 더 많은 것을 도달하기 위해서, 즉 다르게 느끼기 위해서. (아침놀)"

자신이 알고 있는 것이 전부인 양, 본인이 생각하는 것이 절대적으로 옳은 것인 양, 다른 가능성을 전혀 생각하지도 않은 채, 다른 가능성이 있다는 것도 무시한 채, 자신의 편견으로 자신의 의지를 밀고 나간다는 것은 자멸 행위나 다름없다.

편견은 무섭다. 고쳐지기가 쉽지 않고, 옳지 않은 것인데도 불구하고, 바뀌기가 너무나 힘들다. 그러한 편견에 사로잡힌 사람을 오로지 한쪽 면만을 바라보고, 그것이 세상의 전부라고 생각하며 살아가는 사람이다.

진실을 알지도 못한 채, 진실을 알려고 노력하거나 시도도 하지 않은 채, 자신의 고집대로 오로지 자신의 의지를 실현시키기 위해 발버둥 칠 뿐이다.

그가 보내는 모든 시간은 옳지 않은 방향으로 향하는 노력이기에, 결국 언젠가는 자신의 잘못을 깨달을 때가 올 것이다. 하지만 그때에는 이미 많은 것을 잃었고, 어쩌면 자신에게 가장 소중한 것을 영영 찾지 못할지도 모른다. 그의 편견이 가장 중요한 것들을 그렇게 그로부터 떠나게 만들어 버린 것이다.

스스로 편견에 사로잡혀 살아가고 있는 것은 아닌지, 자신의 편견으로 세상을 잘못 생각하거나 판단하고 있는 것은 아닌지, 스스로에게 물어보는 것만이 그나마 자신의 그 어두운 편견에서 조금이라도 벗어날 수 있을 것이다.

시간이 많이 흘러, 자신의 편견으로 인해 잃었던 그 소중한 것들에 대해 후회하고 마음 아파하는 일이 없기를 바랄 뿐이다.

\<우상의 황혼\>

1. 운명은 받아들이라고 있는 것

　우리가 살아가다 보면 항상 좋은 일만 있는 것은 아니다. 슬픔과 고통, 이별과 아픔 등 나에게 다가오지 않았으면 하는 일들도 너무나 많이 수시로 일어난다. 자신의 힘으로 이러한 것들을 극복해 낼 수 있는 것도 있지만, 그러지 못하는 것도 무수히 많다. 운명을 이길 수 있는 힘은 존재하지 않는다. 우리가 신이 아니기 때문이다.

　어차피 이길 수 없는 것에는 받아들이는 것이 낫다. 내가 이길 수 없는 운명에 반항하고 저항해 봐야 달라지는 것은 전혀 없다.

　"그가 바랐던 것은 전체였다. 그는 자신을 전체로 단련시켰고 자신을 창조했다. 그렇게 자유롭게 된 정신은 기쁨에

차 있고 신뢰하는 숙명론을 수용하면서 세계 한가운데에 서 있다. 그것은 오직 개별적인 것만이 비난받을 수 있고 전체 안에서는 모든 것이 구원되고 긍정된다고 믿는다. 그는 더 이상 부정하지 않는다. 그러나 그러한 신앙은 가능한 모든 신앙 중에서 최고의 것이다. 나는 그러한 신앙에 디오니소스라는 이름을 부여했다. (우상의 황혼)"

여기서 말하는 전체는 우리가 살아가면서 만나게 되는 모든 것을 말한다. 기쁨과 슬픔, 만남과 헤어짐, 고통과 환희 등 우리 삶을 이루는 모든 것이다.

우리의 삶은 순간들의 집합이다. 그 순간들을 모두 소중하게 생각할 필요가 있다. 아픔과 슬픔의 순간도 인간이기에 주어지는 것이다. 고통과 절망 또한 인간이기에 가능하다.

모든 순간을 다 받아들이고 긍정을 하는 것이 거부하고 부정하는 것보다 더 깊은 삶의 심연으로 갈 수 있다. 그것은 어쩌면 신이 준 선물일지 모른다. 운명이라는 것은 받아들이라고 주어진 것일 뿐이다. 받아들이지 못하면 다른 어떤 선택지가 있는지 나는 잘 모른다.

이러한 운명을 받아들일 수 있는 것이 어쩌면 우리 인간의 가장 위대한 스스로의 선택이 될 수 있다. 이로 인해 우리는 새로운 열린 세계로 나아갈 수 있다. 그 세계는 운명을 받아들이기 전의 세계와는 완전히 다르다. 그 문을 열 수 있는 사람은 오로지 자신밖에 없다. 어렵지도 않고 쉽지도 않은 철저한 능동적 주체의 행위여야 한다. 삶의 아름다움은 아마 그 문을 열고 들어가는 자에게 허락되는 것이 아닐까 싶다.

2. 강한 인간

　강한 인간이란 어떤 사람일까? 역사의 나오는 세계를 정복한 군주나 임금이 강한 인간일까? 니체는 강한 인간의 전형으로 괴테를 꼽고 있다.

　"괴테는 자연으로의 회귀를 통해, 르네상스 시대의 자연성으로의 회귀를 통해 18세기를 극복하려는 원대한 시도이자, 18세기의 시각으로 볼 때는 일종의 자기 극복. 그는 자신을 삶으로부터 분리시키지 않고 그 안에 머물렀다. 그리고 가능한 한 많은 것들을 자신에게, 자신의 위에, 자신의 내부에 받아들였다. 그가 원했던 것은 전체성이었다. 그는 이성, 감성, 감정, 의지의 분리에 맞서 싸웠다. 그는 모든 것을 갖춘 자가 되기 위해 자신을 단련시켰으며, 자기 자신을 창조해냈다. 괴테가 마음속에 그린 것은 강하고 교양이 높은 인간이었다. 이 인간은 자신을 통제하고 존중하면서 자연의 모든 범위와 풍요로움을 과감하게 허용하는 인간, 이런 자유를 누릴 수 있을 만큼 충분히 강한 인간, 평균적인 인간에게는 파괴를 가져올 것을 자신에게 이롭게 이용하는 법을 알고 있기 때문에 약함이 아니라 강함에서 비롯되는 관용을 가진 인간, 약함을 제외하고는 그 어떤 것도 금지되어 있지 않은 인간이다. (우상의 황혼)"

니체가 괴테를 강한 인간이라 생각한 이유는 괴테의 전체성 때문이다. 그는 과거와 현재에서 경험하는 모든 것을 배척하지 않았고 억압하지도 않았다. 그는 그가 경험하는 모든 것을 결합하여 통일된 하나의 자신의 것으로 만들려고 노력하였다.

괴테 또한 자신의 인생에서 어려움과 힘든 일들도 많았다. 이러한 고통에 그는 굴복하지 않고 더 나은 자신의 모습으로 승화시켰다.

그는 주위에 있는 많은 사람들에게 관용적이었다. 주위 사람들이 두려워서가 아닌 그 자신이 강한 자였기에 관용을 베풀 수 있었다. 넓은 마음을 가졌기에 많은 사람들을 포용할 수가 있었다.

괴테는 인간에게 금지되어 있는 것이 있다고 생각하지 않았다. 사회의 관습이나 인습에 얽매이지 않고 진정한 자유인이 되고자 노력하였다.

무엇보다도 괴테는 정신적 성숙을 위해 스스로 노력하였고, 보다 나은 자신이 되고자 최선을 다했다. 항상 발전할 수 있는 길을 모색하였기에 진정으로 강한 자가 될 수 있었던 것이다.

3. 아폴론적 도취, 디오니소스적 도취

아폴론적 도취는 환영을 만드는 예술충동이자 아름다운 가상을 만드는 예술충동이다. 니체는 이를 생리적 도취의 결과로 이해하고 있다. 즉, 개별화와 형상화와 형식화를 통한 가상 만들기는 생리적인 도취가 힘 상승의 쾌감과 충만으로 전제되지 않으면 불가능한 것이다.

디오니소스적 충동도 생리적 도취 상태를 전제로 한다. 개별화를 파기하고 구분과 제한의 형태를 넘어서며 차별 이전의 총체성을 지향한다.

"내가 뚜렷이 구분되는 두 가지 유형의 도취를 나타내는 용어로 미학에 소개한 대립되는 개념들, 즉 아폴론적인 도취와 디오니소스적인 도취는 무엇을 의미하는가? 아폴론적 도취는 무엇보다도 눈을 자극하는 하나의 힘으로 작용하며, 그래서 이 도취는 환상의 힘을 얻는다. 화가와 조각가 서사시인은 기본적으로 공상가이다. 한편 디오니소스적 도취의 상태에서는 전체 체계가 자극을 받고 강화되며 그래서 이

도취 상태는 온갖 표현 수단을 다 동원해 스스로를 한꺼번에 방출한다. (우상의 황혼)"

니체는 아폴론적 도취상태에서 우리의 신체 기관 중 눈이 자극되고 활성화되어 환영을 보는 능력을 갖게 된다고 한다.

디오니소스적 도취상태는 신체의 전체를 자극하고 고조시킨다. 또한 자극에 반응하여 특정한 한 가지 형태가 아닌 자신이 가지고 있는 모든 종류의 표현 수단을 통해 그 자극에 대한 반응을 표현한다. 이것을 통해 자신의 변화도 이루어낸다.

159

<이 사람을 보라>

1. 새로운 길도 두렵지 않아

우리의 내면은 너무나 확고해서 웬만한 일로 인해 잘 변하지를 않는다. 자신이 항상 옳고 다른 사람을 비판하며 다른 의견을 잘 받아들이지 않는다.

우리는 자신의 세계에 갇혀 다른 세계를 잘 알지를 못하며 자기 세계가 전부라고 생각하기 쉽다. 이러한 것이 변하기 위해서는 어떠한 계기가 필요하다. 스스로 이러한 인식을 하는 사람은 극히 드물다.

우리는 방황하는 가운데 자신의 세계를 깨뜨리고 넘어설 수 있다. 다른 세계를 접할 수 있는 기회를 가질 수 있기 때문이다.

"만일 사람들이 과제, 천명, 과제의 운명이 평균을 상당히 넘어선다는 것을 인정한다면 이 과제를 통해 자신을 바라보는 것보다 더 큰 위험은 없을 것이다. 이러한 관점에서 존재에 대한 오해조차 적절한 의미와 가치를 갖는다. 길의 우회, 옆길로 새기, 주저함, 소심함, 이 과제에서 동떨어진 과제로 소모된 진지함이라는 점에서 존재에 대한 오해는 의미와 가치를 갖는다. 그리고 여기에서 위대한 지성, 심지어 최고의 지성이 나타난다. 결국 '너 자신을 알라'가 자신을 잃는 데 도움이 되는 한 치유책이 되는 지점에서 자기 상실, 자기 망각, 자기 오해, 자기 가치의 저하, 자기 협소화, 자기 평범화가 이성 자체가 된다. (이 사람을 보라)"

우리는 변해야 한다. 항상 변할 준비를 해야 한다. 시간이 지나도 과거의 모습에서 변하지 않고 항상 그 자리라고 한다면 더 나은 모습으로 되기에 어려울 수밖에 없다.

항상 가던 길을 벗어나 옆길로 가볼 필요도 있다. 그 길에서 새로운 것을 발견할 수도 있기 때문이다. 다른 길로 가본다는 것은 새로운 세계로 나아가기 위한 탐험이 될 수도 있다.

그러한 길로 기꺼이 가봐야 한다. 안이함에는 발전이 없다. 새로운 시도가 새로운 기회를 부여한다. 그 기회를 자신의 발전의 계기로 삼아야 한다. 처음 가는 길을 두려워할 필요도 없다. 나를 위한 길이기 때문이다.

헤매다 보면 자신의 길을 확실히 찾을 수도 있다. 그러한 경험이 나의 내면을 변화시킬 수 있다. 나를 위한 모험은 그래서 필요하다. 겁 없이 그러한 길로 들어서는 것을 망설일 이유가 없다. 나 자신의 변화를 위해, 보다 나은 나 자신을 위해 기꺼이 그러한 길로 나서야 한다.

2. 우상의 전복

　우리가 옳다고 믿고 있는 것들은 진실인 것일까? 그동안 살아오면서 나의 삶을 이끌어왔던 것이 옳지 않았던 것이었다면 지나온 세월의 시간은 어떻게 되는 것일까? 나는 현재 내가 믿고 있는 것을 얼마나 신뢰할 수 있는 것일까? 나의 삶의 목표였던 것들이 정말 허무한 것이었다면 그동안 노력해왔던 것들은 모두 허사인 것일까?

　"우상들(나는 모든 종류의 이상을 이렇게 부른다)을 전복시키는 것-이것이야말로 일찍부터 나의 일이 되었다. 이제까지 사람들은 이상적인 세계라는 것을 날조한 만큼 현실적인 세계로부터 그것이 갖는 가치, 의미, 진실성을 박탈해왔다. 참된 세계와 가상의 세계라고 말해지는 것은 독일어로 이렇게 번역되어야만 한다. 즉, 참된 세계는 날조된 세계이고 가상의 세계야말로 현실이라고. 이상이라는 거짓말은 이제까지 현실에 대한 저주였고, 인류 자체는 이러한 거짓말에 의해서 그의 본능의 밑바닥까지 기만당하고 그릇되게 되었다. 그 결과 마침내는, 인류에게 번영과 미래 그리고 미래에 대한 권리를 보장해줄 수 있는 가치들과는 정반대의 가치가 숭배되기에 이르렀다. (우상의 황혼)"

나에게 우상은 어떤 것일까? 내가 옳다고 믿는 것, 내가 이루고자 하는 인생의 목표, 내가 중요하다고 생각하는 것, 이러한 것들이 모두 우상이 될 가능성도 있다.

만약 내가 가지고 있는 우상을 믿고 영원히 그 길을 가다 보면 그 모든 노력이 그리 의미가 없을 수밖에 없다. 치열하게 노력하며 살았지만, 나의 모든 것을 그 우상을 위해 희생했지만, 아무런 보람이나 성취도 없이 그 소중한 시간만을 낭비한 것인지도 모른다.

나에게는 현재 스스로도 인식하지 못하는 그러한 우상을 가지고 있는 것은 아닐까? 그 우상으로 인해 나의 삶이 나중에 황폐화되어 버리지는 않을까? 더 많은 시간이 흐르기 전에 내가 가지고 있는 우상을 전복시키고, 어떠한 새로운 우상도 가지지 않은 채, 의미 있는 순간의 지속적인 삶을 살아가야 한다는 생각이 든다. 우상이 없는 열린 마음으로 일상을 채워나갈 때 봄빛의 따스한 햇살 같은 그러한 삶이 가능하지 않을까?

<힘에의 의지>

1. 힘의 마력

　힘에의 의지는 물질적이든 정신적이든 자신이 모든 것을 지배하고자 함이다. 이로 인해 자신의 영역을 넓혀가려는 충동이다.

　"필요도 아니고 욕망도 아니고 힘에 대한 사랑이야말로 인류의 수호신이다. 인간에게 모든 것, 즉 건강, 음식, 주택, 오락을 줘봐라. 그들은 여전히 불행하고 불만스러워 할 것이다. 왜냐하면 마력적인 존재가 기다리면서 채워지기를 원하고 있기 때문이다. 그들에게서 모든 것을 빼앗고 이 마력적인 존재를 만족시켜보라. 그러면 그들은 거의 행복하게 된다. 인간과 마력적인 존재가 행복할 수 있는 최대한 정도까지. 그러나 내가 왜 이런 사실을 또 말하는가? 루터가 이미 나보다 그러한 사실을 더 능숙하게 다음과 같은 구절에서 말했다. '그들이 우리에게서 신체, 재산, 명예, 아이 그리고 아내를 빼앗을지라도 내버려 두라. 그러나 왕국은 우리에게 남아야만 한다. 그렇다. 그렇다. 왕국은. (힘에의 의지)"

힘에의 의지는 자신보다 육체적으로 약해 보이는 이들을 괴롭히는 식으로 나타날 수도 있지만, 다른 한편으로는 다른 사람들을 정신적으로 감동시켜서 자신을 따르게 하는 식으로도 나타날 수 있다.

즉 힘에의 의지는 가장 천박한 상태에서부터 가장 세련된 형태에까지 그리고 단순한 육체적 학대와 잔인한 정복에서부터 이성적인 설득에 이르기까지 모든 것을 포괄하고 있는 것이다.

강한 자는 힘이 있는 자이다. 하지만 더욱 강한 자는 그 힘을 어떻게 사용할지 알고, 또한 이를 스스로 통제할 수 있는 자이다.

2. 통제할 수 있는 인간

강한 자는 스스로 절제할 줄 알며 자신에 대해 충분히 훈련하는 자이다. 자신의 힘을 키우기 위해서는 우선 스스로를 통제하지 못하면 불가능하다. 외부의 힘에 의해서가 아닌 자기 내면의 힘으로 스스로를 통제할 때 더욱 강한 자로 성장할 수 있다.

"그것이 야기할 관대하거나 동정적인 혹은 적대적인 결과와는 아랑곳없이 맹목적으로 정열에 탐닉하는 것은 가장 커다란 악의 원인이다. 인간의 위대성은 이러한 정열을 소유하지 않는 데 있는 것이 아니라, 이것을 통제하는 데에 있다. (힘에의 의지)"

강한 자는 어떠한 것에 동정하거나 맹목적으로 탐닉하지 않는다. 모든 것을 객관적인 관점에서 바로 볼 수 있고, 거리를 두고 관찰할 수 있으며, 스스로를 어딘가에 빠져드는 것을 인식하여 조절할 수 있는 자이다.

그는 열정을 가진 자이지만 그 열정을 이성적으로 통제하며, 자신의 충동에 의해 행동하지 않고 따뜻한 가슴을 가지

고 있지만 냉철한 이성적 판단으로 모든 것을 조절하는 자
이다.

역사적으로 볼 때 막강한 힘을 가지고 있었지만 스스로를
통제하지 못해 실패한 사례는 무수히 많다. 예를 들면, 네
로, 칼리큘라, 히틀러, 스탈린, 연산군 등이 대표적일 것이
다. 그들은 그 막강한 자신의 힘을 통제하지 못해 결국 파
멸될 수밖에 없었다.

강한 힘을 가지는 것이 중요한 것이 아니라 그것을 이성
적으로 냉철하게 판단하고 스스로 조절할 수 있어야만 의미
가 있다.

3. 생명력이 강한 사람, 약한 사람

　생명력이란 무언가를 풍성하게 함을 말한다. 생명체들이 후손을 번식시키는 것과 같이 현재보다 미래에 더 많은 것을 만들어 낼 수 있는 것을 뜻한다.

　생명력이란 활력을 일으키는 힘을 말한다. 생기에 넘치는 그러한 환경을 이루어 낼 수 있는 힘을 뜻한다. 생명력으로 인해 지금의 모습보다 더 나은 모습으로 미래를 희망할 수 있을 것이다. 생명력이 없는 존재는 오직 그 반대 현상을 만들어 낼 수밖에 없다.

　생명력은 지금보다 더 커다란 가치를 이루어 낼 수 있음을 말한다. 있는 자리에 머무르지 않고 고차원적인 가치를 만들어 낼 수 있는 능력을 뜻한다.

　"주변의 사물들을 보다 풍성하고 보다 강하고 보다 미래 지향적인 것으로 봄으로써 그 사물들에게 자신도 모르게 가치를 보태는 사람들이 있다. 이런 사람들은 활력이 넘치는 사람들이다. 적어도 인류에 무엇인가를 기여할 수 있는 이런 사람들과 정반대로 소진한 상태의 사람들은 자신들이 보는 모든 것의 가치를 떨어뜨리고 망쳐 놓는다. 소진한 사람들은 가치를 축소시키는 해로운 존재이다. 생명력이 빈약한 사람들, 즉 약한 자들은 삶을 약화시키고 생명력이 풍부한 사람들, 즉 강한 자들은 삶을 풍요롭게 가꾼다. 약한 자들은 생명의 기생충이고, 강한 자들은 생명에 선물을 안겨주는 존재이다. (힘에의 의지)"

우리 자신은 지금의 모습보다 더욱 활기차고 풍성하며 희망이 가득한 미래의 모습을 위해 얼마나 노력하고 있는 것일까?

어느 존재에 의지하지 않은 채 더욱 훌륭한 가치를 만들어내기 위해 최선을 다하고 있는 것일까? 다른 이들에게 무언가 도움을 주거나 기여를 하는 그러한 일들을 하고 있는 것일까?

한 번밖에 주어지지 않는 삶을 생기 넘치고 활력으로 충만한 그러한 삶을 살아가는 것이 더욱 의미가 있는 것이 아닐까?

4. 강한 인간의 조건

극단적으로 치우치지 않고 중도적인 길을 간다는 것을 결코 쉬운 일이 아니다. 강한 자는 이러한 중도적인 길을 갈 수 있는 자이다. 스스로 균형을 잡아 인식뿐만 아니라 모든 것을 해나갈 때 어느 한쪽으로 치우치지 않은 채 중도적으로 모든 것을 할 수 있는 자가 진정으로 강한 자이다.

"가장 강한 인간은 아주 중도적이다. 극단적인 형식의 신앙 조항을 필요로 하지 않는 사람, 어느 정도의 운과 터무니없어 보이는 것을 인정할 줄 알 뿐만 아니라 그런 것들을 실제로 좋아하는 사람, 인간의 가치를 꽤 낮게 보는 관점을 바탕으로 인간에 대해 생각하면서도 그것 때문에 약해지거나 작아지지 않는 사람, 극도의 슬픔도 견뎌낼 수 있고, 따라서 슬픔을 그다지 두려워하지 않는 건강한 사람. 말하자면, 자신의 힘을 확신하고, 인간이 이룬 힘의 상태를 의식적으로 자부심을 느끼며 표현하는 사람이 바로 강한 사람이다. (힘에의 의지)"

대부분의 경우 생각에 있어서 편견과 선입견을 가지는 경우가 허다하다. 자신이 항상 옳다고 생각하고 다른 이들의 의견이나 생각에 비판만 하는 이는 결코 강한 자가 될 수 없다.

모든 가능성을 열어놓고 자신을 객관적으로 바라볼 수 있으며 타인의 생각과 자신의 생각이 다르더라도 이를 객관적으로 판단할 수 있어야만 중도적 길을 갈 수 있다.

자신의 생각에 집착하는 사람, 다른 상황을 생각할 줄 모르는 사람, 자신이 알고 있는 것이 전부라고 생각하는 사람은 결코 중도적인 사람으로서의 강한 자가 될 수 없다.

다른 사람의 의견도 인정할 줄 알고, 다른 관점도 깊이 생각하여 고려할 줄 알며, 나만의 세계가 아닌 모든 사람의 세계를 볼 수 있는 자가 비로소 중도적인 사람이 될 수 있을 것이다.

균형 잡힌 길을 가는 것이 결코 쉽지 않기에 그러한 중도적인 마음을 가지고 있는 사람이 진정으로 강한 자라 할 것이다.

5. 되풀이하는 실수

같은 실수를 반복하는 한 더 나은 모습으로 발전할 수는 없다. 실수를 반복하는 것은 이유가 있기 때문이다. 덫에 걸린 것처럼, 그것에 얽매여 있기 때문이다. 스스로 더 나은 사람으로 거듭나려는 의지가 부족하기 때문이다. 의지와 행동을 일치시키고자 하는 치열한 마음이 없기 때문이다.

"인간은 똑같은 실수를 반복해 왔다. 인간은 언제나 한 가지 중요한 척도에 지나지 않는 것을 엉뚱하게도 삶의 척도와 기준으로 바꾸어 놓았다. 인간은 생명력을 가장 높이 끌어올릴 수 있는 것에서 성장과 소진의 문제에서 그 표준을 찾지 않고, 그 대신에 매우 명확한 어떤 종류의 생명을 보존하는 조치를 취하면서 그 조치를 다른 종류의 생명을 배제하는 데에, 심지어 생명 자체를 비난하는 데 이용하고 있다. (힘에의 의지)"

실수는 누구나 할 수 있다. 실수하지 않는 이는 존재하지 않는다. 하지만 그 실수를 최대한 빨리 고쳐 나가고 더 이상 같은 실수를 반복하지 않는 이는 그리 흔하지 않다.

자신을 철저히 돌아보지 않는 이상 실수의 반복에서 벗어날 수가 없다. 자신에 대해 모르기에, 자신의 단점이 무엇인지 안다고 하더라도 외면하고 있기에 같은 실수를 하게 되는 것이다.

자신에 대해 철저해야만 더 이상 같은 실수를 하지 않게된다. 자신이 행한 실수가 보다 나은 삶을 방해하는 가장큰 장애물이라는 인식이 필요하다. 그 인식을 내면화하여더 이상 그러한 것을 반복하지 않는 진정한 거듭남이 보다나은 자신을 만들어 나갈 것이다.

실수를 반복하지 않는 것은 다른 사람이 아닌 나 자신을위한 것이다. 스스로를 진정으로 사랑한다면 반복되는 실수를 고치는 훈련을 계속하여 최대한 빠른 시일에 그것을 고쳐 나가야만 한다.

<즐거운 학문>

1. 고통에 대한 긍정

　우리는 살아가면서 고통을 겪지 않는 사람은 없다. 삶이 고통 자체인지도 모른다. 고통이나 어려움이 없는 삶이 없기에 인생에서 힘든 과정은 당연하다고 생각하는 것이 현명할지도 모른다.

　어차피 나에게 수시로 다가오는 고통이라면 이를 긍정하는 것이 나의 삶에 더 나은 방향이 될 수 있을 것이다. 고통을 피하기만 한다면 더 나은 삶의 길이 어려울 수도 있다.

　"학문의 궁극적인 목적이 인간에게 가능한 한 가장 즐거움과 가장 적은 고통을 만들어주는 것이라고? 그런데 즐거움과 고통이 서로 너무나 밀접하게 연결되어 있어서, 그중 하나를 가능한 한 많이 가지길 원하는 사람은 다른 하나 역시 가장 많이 가져야 한다면? 아마도 이것이 만물의 이치일 것이다. 어쨌든 스토아주의자들은 그렇게 생각했고, 삶에서 가장 적은 양의 고통을 얻기 위한 방편으로 가장 적은 양의 즐거움을 얻고자 했을 때, 그들의 태도에는 아무런 모순도 없었다. (즐거운 학문)"

학문을 함에 있어서도 힘든 과정을 견디어야만 한다. 보다 월등한 지식과 실력을 위해 **뼈**를 깎는 학문에의 정진이 없다면 더 큰 학문으로서의 발전을 기대하기는 어려울 수밖에 없다.

삶 또한 마찬가지다. 나의 삶에 고통이 없기를 바란다는 것은 나의 평생에서 아무것도 일어나지 않기를 바라는 것과 같다. 어차피 인생은 고락의 연속일 뿐이다. 어떤 이는 그 고통에 무릎 꿇고 더 이상 전진하지 않는 반면에 어떤 이는 어떠한 고통이 와도 그것을 모두 극복해 내어 더 높은 곳으로 전진해 나간다.

그 선택은 오직 자신에게 달려 있을 뿐이다. 고통을 두려워하지 않고 이를 이겨낼 의지로 살아간다면 그 어떠한 일이 나에게 다가와도 더 나은 모습의 삶을 기대할 수 있을 것이다. 고통을 두려워하지 않는 마음, 그것이 나의 삶을 더욱 고차원적인 곳으로 인도하는 것이 당연할 수밖에 없을 것이다.

니체를 읽으며

정태성 수필집

초판 발행 2023년 6월 1일

지은이   정태성
펴낸이   도서출판 코스모스
펴낸곳   도서출판 코스모스
주소 충북 청주시 서원구 신율로 13
전화 043-231-7027
팩스 043-237-5501

ISBN 979-11-91926-44-6

값 12,000원